Texte • Medien

Angelika Mechtel

Cold Turkey

Schroedel

Texte.Medien

»Cold Turkey« von Angelika Mechtel

Lizenzausgabe mit freundlicher Genehmigung
der Ravensburger Buchverlag Otto Maier GmbH

Herausgegeben von Ingrid Hintz

Materialteil erarbeitet von Birthe Lagemann

Das Texte.Medien -Programm zu »Cold Turkey«:
978-3-507-47043-9 Textausgabe mit Materialien
978-3-507-47343-0 Lesetagebuch
978-3-507-47243-3 Informationen für Lehrerinnen und Lehrer
Informationen und Materialien im Internet: **www.schroedel.de/textemedien**

Druck A ^{5} / Jahr 2009
Alle Drucke der Serie A sind im Unterricht parallel verwendbar.

Redaktion: Anja Köpper
Herstellung: Christian Behrens
Umschlaggestaltung und Layout: JanssenKahlert Design, Hannover
Umschlagfoto: Bildagentur-online/Hemera
Satz: Jürgen Rohrßen, Hannover
Druck und Bindung: westermann druck GmbH, Braunschweig

ISBN 978-3-507-**47043**-9

INHALT

ANGELIKA MECHTEL
Cold Turkey

Materialien

Bevor du dieses Buch liest ...

dieses Buch handelt von den Geschwistern Andy und Simone. Simone erlebt hautnah mit, wie ihr älterer Bruder in die Drogenabhängigkeit rutscht und zum Kriminellen wird. Der Anhang des Buches enthält zusätzliche Materialien zum Thema »Drogen«.

Es gibt viele Jugendliche, die gern Bücher lesen, aber auch viele, die gar nicht oder nur ungern lesen. Die elektronischen Medien (Fernsehen, Computer usw.) scheinen so faszinierend zu sein, dass Bücher es schwer haben gegen diese Konkurrenz. Das ist schade, denn wer liest, nimmt teil an den Lebensgeschichten, Erlebnissen, Problemen, Gedanken und Gefühlen der Buchfiguren. Deshalb sagt man: Wer liest, lebt doppelt. Außerdem ist das Lesen wichtig für das Denken und Lernen, für die Erschließung der Welt, für die eigene Entwicklung und für die Nutzung des Medienangebots.

Die Bücher der Reihe **Texte.Medien** wollen zum Lesen motivieren – im Unterricht, aber auch zu Hause in der Freizeit. Sie sollen die Freude am Lesen steigern und »Lust auf mehr Bücher« machen.

Zu jedem Buch gibt es ein **Lesetagebuch**, das dabei helfen soll, sich selbstständig – individuell und gemeinsam – mit dem Inhalt des Buches und mit den Personen auseinanderzusetzen.

Viel Freude beim Lesen des Buches!

Teil 1

1

Simone ist mit dem Rad bis nach Ossendorf gefahren.

Ossendorf *eine Ortschaft bei Köln*

Andy wollte nicht mehr nach Hause. Er wollte direkt vom Knast in die Entgiftung.

Nur Simone durfte sich noch von ihm verabschieden.

Er hat ihr beim Abschied eine Plastiktüte in die Hand gedrückt. Dann ist er in den Wagen eingestiegen, der ihn nach Düsseldorf bringt.

Es ist heiß. Seit Tagen knallt die Sonne auf die Stadt, die Ozonwerte steigen. Simone sieht hinter dem Polizeiopel her, der zur Autobahnauffahrt einbiegt. Sie bemerkt das olivgrüne Käfer-Cabrio nicht, das neben ihr anhält.

»Hallo, Simone! War das Andy?«

Sie fährt herum, als hätte sie eine Wespe gestochen. Michi! Was tut Michi hier? Woher weiß er, dass Andy heute in die Klinik gebracht wird?

Er soll sie in Ruhe lassen!

Passend zum schwarzen T-Shirt trägt er ein olivgrünes Seidensakko, Ton in Ton mit der Cabrio-Karosserie. Um den Hals und am rechten Handgelenk baumeln drei oder vier Goldkettchen.

»Lass mich bloß in Ruhe!«, faucht Simone, schwingt sich aufs Rad und fährt los.

Der Fahrtwind macht die stickige Hitze erträglicher.

Sie denkt über Michi nach. Er sieht gut aus. Er ist braun, als hätte er gerade Mallorca hinter sich oder die Kanaren. Auf jeden Fall sieht er nicht so aus, als wäre irgendetwas in seinem Leben im Eimer.

Wie sich das anhört.

Als ob man Leben in den Eimer schmeißen könnte wie überflüssigen Verpackungsmüll. Was wäre es dann noch wert?

Sie hätte ihn fragen sollen, ob er noch kifft. Er und Andy gehörten damals zur selben Clique.

Wahrscheinlich zählt Michi zu denen, die das Kiffen kultiviert haben wie andere den Alkoholkonsum.

Jedenfalls ist er nicht krank. Er muss sein Leben nicht mühsam wieder aus dem Eimer rausklauben, in den es nicht hineingehört, weil es nun mal kein Müll ist.

Aber Andy schafft es! Er schafft es bestimmt!

Wenn er erst einmal die Entgiftung hinter sich hat, ist die erste Hürde genommen.

Das Einfamilienhaus, in dem Simone mit ihren Eltern lebt, wirkt dunkel und leer – und trotz der Sommerhitze kühl. Es ist eine Angewohnheit der Eltern, an heißen Tagen alle Rollos zu schließen. Kein Sonnenstrahl dringt ein. Die klobigen Möbel sehen im Dämmerlicht beinahe bedrohlich aus. Simones Eltern lieben klobige Möbel und braunen Teppichboden. Bis sieben Uhr sind sie noch im Geschäft. Sie verkaufen Fernseher, CD-Player und Videorekorder.

Andys Zimmer ist ordentlich aufgeräumt. Da hat sich seit drei Jahren nichts verändert.

Nachdem Andy ausgezogen war, hatte die Mutter Ordnung gemacht. Jetzt liegen keine Kassetten und keine Bücher mehr auf dem Boden herum, das Bettzeug ist im Bettkasten verstaut, der Papierkorb leer. Auf dem Schreibtisch keine benutzte Kaffeetasse, und nirgends sind Jeans oder gebrauchte Socken zusammengeknüllt und aufgehäuft.

Simone hat das Gefühl, diesen Nachmittag in Andys Zimmer verbringen zu wollen.

Einen Augenblick überlegt sie, ob sie die Tür von innen verschließen soll. Aber dann verwirft sie diesen Gedanken. Die Eltern würden sich unnötig aufregen. Sie hätten womöglich Angst, Simone könnte wieder ausflippen wie damals, als sie ihren Sohn bei der Polizei anzeigten. Also lehnt Simone die Tür nur an.

Dann öffnet sie die Plastiktüte, die ihr Andy zum Abschied vorhin übergeben hat. Sie enthält einen Schuhkarton. *Für Kolumbus* hat Andy mit grünem Filzstift auf den Deckel geschrieben.

Ach ja. Kolumbus!

So hat er sie vor ewigen Zeiten genannt! Erfunden hatte er diesen Spitznamen, als sie acht war. Er war damals zwölf und beschäftigte sich hauptsächlich mit der Beobachtung von Schnecken, die in Mutters Salatbeet hinten im Garten alles kahl fraßen.

Damals erklärte sie ihm, dass sie einmal eine große Erfinderin und Entdeckerin würde.

»Aha«, sagte er, »du willst also so was wie Kolumbus werden?« Er hatte gerade sechzehn Schnecken auf einen mittelgroßen Salatkopf angesetzt.

»Kolumbus?«

»Er hat Amerika entdeckt.«

»Gut, dann bin ich von jetzt an Kolumbus.«

»Geht nicht«, feixte Andy, »Amerika ist schon entdeckt.«

»Dann entdecke ich es eben ein zweites Mal!«, erklärte Simone unbeirrbar.

Andys Schnecken brauchten an diesem Nachmittag zwei Stunden, fünfzehn Minuten und dreizehn Sekunden, um den Salatkopf zu vertilgen. Andy sah ihnen geduldig zu.

Sein Interesse für Salatschnecken verlor sich, als er Michi kennen lernte.

Das ist alles eine Ewigkeit her!

Jetzt hat er ihr also zum Abschied am Gefängnistor von Ossendorf eine Schuhschachtel mit Inhalt geschenkt.

In Andys Zimmer setzt sich Simone auf den braunen

Teppichboden – so, wie sie es früher immer gemeinsam getan haben – und öffnet den Deckel.

Die Schachtel ist mit Zetteln, herausgerissenen Schulheftseiten und Papierstreifen gefüllt. Verwundert nimmt Simone eine Hand voll heraus. Jeder Papierfetzen ist beschrieben.

Andy hat kein Tagebuch geführt, aber er hat einzelne Gedanken notiert und aufgehoben.

Simone braucht eine Weile, um zu begreifen, dass Andy ihr mit diesem Zettelkasten einen Teil seines Lebens schenkt. Ein Puzzle.

Sie muss es nur zusammensetzen, um sich zu erinnern, was in den letzten drei Jahren passiert ist.

Damals, als alles anfing, war Andy sechzehn und sie zwölf.

Obenauf liegt ein Zettel, den Andy wohl zuletzt geschrieben hat.

Simone liest: »**Ich schließe die Augen, und das Unglück verlässt mich.**«

2

Alles begann vor drei Jahren.

Andy ging damals aufs Gymnasium. Er hatte sich zuerst mit der gleichaltrigen Anna und dann mit dem zwei Jahre älteren Michi angefreundet.

Beide, Andy und Michi, waren wohl in Anna verknallt. Sie war hübsch, hatte lange braune Haare und große dunkle Augen.

Als Andy auf der Seite der Verlierer gelandet war, hatte Michi bei Anna freie Bahn.

Er und Anna und später dann auch Natalie sind schuld an Andys Unglück.

Sind sie es wirklich? Und selbst wenn es so wäre: An Andys Unglück würde es nichts ändern.

Nur eins steht fest: Wahrscheinlich wäre alles ganz anders gekommen, hätten sie ihn damals nicht im Stich gelassen.

Gemeinsam kiffen: ja. Aber dann auch gemeinsam die Konsequenzen daraus tragen? Nein, danke! Das war ihnen zu gefährlich.

Wie gesagt: Simone war damals zwölf und Andy sechzehn. Er durfte morgens bereits Kaffee trinken und abends bis zehn Uhr ausgehen. Er rasierte sich jeden zweiten Morgen, bemühte sich darum, ein Bärtchen auf der Oberlippe wachsen zu lassen.

Alles, was Andy damals tat, war für Simone aufregend erwachsen, abenteuerlich und geheimnisvoll.

Dazu gehörte auch seine Freundschaft mit Michi und Anna.

Mit ihnen ging er in die Disko oder traf sich im »Flash«, einige Häuserblocks vom Haus der Eltern entfernt.

Das »Flash« war damals eine heruntergekommene Eckkneipe für junge Leute. Heute ist es ein teurer Jazzschuppen.

Wenn Andy Freitag- oder Samstagabend nach der Disko oder seinem Ausflug ins »Flash« heimkam, schlief Simone meist schon.

Einmal wurde sie wach, weil er mit großem Getöse über den Schuhschrank im Flur stolperte.

Simone hörte die Stimme der Mutter aus dem Wohnzimmer, wo sie vor der Flimmerkiste saß. »Was ist passiert, Andreas?«

»Nichts Besonderes. Bin nur im Dunkeln gestolpert.«

»Dann geh jetzt zu Bett!«

»Ja, Mama.«

»Aber vergiss das Zähneputzen nicht!«

Sie tat immer so, als sei das Zähneputzen eins der wichtigsten Dinge im Leben.

Simone wartete, bis die Tür zu Andys Zimmer ins Schloss gezogen und alles im Haus wieder ruhig war. Dann schlich sie auf Zehenspitzen zu ihm hinüber.

Er hatte das Licht schon ausgemacht und lag in der Unterwäsche auf dem Bett.

»He, du, Andy –!«

»Hm –«

Simone kicherte im dunklen Zimmer. »Wie schafft man es, über einen Schuhschrank zu fallen? Der ist doch eigentlich groß genug!« Sie setzte sich zum großen Bruder auf die Bettkante.

Er roch, wie die Eltern riechen, wenn sie vom Kegelabend nach Hause kommen.

»He – wonach riechst du denn? Hast du getrunken? Das stinkt ja nach Bier!«

»Erraten, Kolumbus!«, brummelte Andy, rollte sich zur Seite und schlief ein.

Als Simone ihn am nächsten Morgen für die Schule weckte, roch die Luft in seinem Zimmer abgestanden und säuerlich. Andy jammerte. Ihm war übel, und sein Kopf schmerzte höllisch. Simone stellte unbarmherzig fest: »Du stinkst wie ein Abfalleimer!«

»Oh Mann, dann merkt Mama gleich, dass ich gesoffen habe!« So erwachsen war er in den Augen der Eltern auch wieder nicht, dass sie ihm die Sauferei erlaubt hätten.

Aber da war ja noch Simone. Seit ihrer Kinderzeit hatte sie wie Pech und Schwefel zu ihm gehalten. Das tat sie auch diesmal.

»Mit Köpfchen«, grinste sie, »mit Köpfchen lässt sich vermeiden, dass Mama was merkt.«

Sie öffnete beide Fensterflügel, gab Andy den Rat, sich ausnahmsweise doch einmal die Zähne zu putzen, hielt die Mutter mit Gerede über eine Mathearbeit in der Küche fest, damit Andy ungesehen im Bad verschwinden konnte, und trank in einem unbeobachteten Augenblick Andys Kaffee, weil Andy ihr zugeflüstert hatte: »Oh Mann, ist mir schlecht, wenn ich den Kaffee nur rieche!«

Auf dem Weg zum Gymnasium legte Andy den Arm um Simones Schultern: »Kolumbus, ich glaube, du hast mir heute Morgen das Leben gerettet!«

Simone tat noch ein Übriges, um Andys Leben zu retten, und steckte ihm eine Schachtel Thomapyrin zu, die sie der Mutter aus der Nachttischschublade stibitzt hatte. »Gut gegen Brummschädel und Kater, du Alki!«, sagte sie fröhlich.

Thomapyrin *Medikament gegen Kopfschmerzen*

Alki *Abkürzung für Alkoholiker*

Irgendwann im Frühsommer brachte Andy dann spätabends Cannabis im Blumentopf nach Hause.

Simone wachte auf, als er neben ihrem Bett hockte und ihr sanft mit dem Zeigefinger über den Nasenrücken strich.

»He, Kolumbus, wach auf!«

Diesmal roch er nicht nach Alkohol.

Simone nahm zum ersten Mal diesen leichten Geruch nach Räucherkerzen wahr. »Habt ihr Räucherkerzen abgebrannt?«, erkundigte sie sich verschlafen.

»So was Ähnliches.«

»Wie spät ist es eigentlich?«

»Kurz vor Geisterstunde. Die Alten pennen schon. Sag mal, hättest du was dagegen, wenn ich dich um einen Gefallen bitte?«

Das klang geheimnisvoll.

»Solange du nicht von mir verlangst, dass ich mein Blut einem Vampir spende –«

Andy lachte leise. »Kein Vampir, Kolumbus, nur ein Blumentopf. Dem gibst du auch kein Blut, sondern Wasser. Würdest du ihn für uns aufheben?«

»Für euch?«

»Genau genommen: für Anna. Ihre Mutter hat irgendwie Wind gekriegt und dumme Fragen gestellt. Deshalb muss Anna den Cannabis für eine Weile woanders parken. Bei dir ist er gut aufgehoben. Da fragt kein Aas, was denn eigentlich in dem Blumentopf wächst.«

»Und was ist es wirklich?«

Simone konnte jetzt Andys Gesicht im Dunkeln gut erkennen. Er dachte nach. Dabei sah er aus, als hätte er an diesem Abend etwas besonders Schönes erlebt. Vielleicht weil Anna ihn erwählt hatte, ihren Blumentopf zu retten?

Sie hörte, wie er tief Luft holte.

»Also gut, Kolumbus«, sagte er, »es ist eigentlich ein Geheimnis. Aber ich kann mich ja auf dich verlassen –«

»Hundertfünfzigprozentig!«

»Weiß ich. Trotzdem musst du schwören! Schwöre, dass du niemandem, absolut keinem Menschen etwas davon erzählst, was ich dir jetzt sage!«

Simone setzte sich feierlich im Bett auf, legte die linke Hand auf die Bettdecke, zum Beweis dafür, dass sie den Schwur nicht heimlich ableitete, und hob die rechte. »Ich schwöre! Ich schwöre bei allen Entdeckerinnen und Erfinderinnen der Welt!«

»Okay, Kolumbus. Also, pass auf: Aus Cannabis wird Hasch gemacht. Muss ich noch mehr sagen?«

Musste er nicht. Simone wusste nur noch nicht, dass es sich im Blumentopf ziehen lässt. »Ihr stellt also Hasch her?«

Andy nickte und legte den Zeigefinger auf die Lippen.

Es war ein aufregend prickelndes Gefühl, an seinem Geheimnis teilzuhaben.

Die Pflanze, die er ihr anvertraute, war grünblättrig und erinnerte eher an Unkraut als an etwas Verbotenes.

Und Andy hatte Recht: Die Mutter wunderte sich zwar über Simones plötzliches Interesse an Zimmerpflanzen, aber sie schöpfte nicht den geringsten Verdacht.

3

Zwischen den vielen Zetteln in Andys Schuhkarton, die manchmal nur mit einem einzigen Satz beschriftet sind, findet Simone ein zusammengefaltetes DIN-A4-Blatt, kariertes Recyclingpapier. Es stammt aus einem Collegeblock.

Andy hat es vorn und hinten beschrieben. Es könnte ein Puzzleteil sein, das in die Anfangszeit passt.

Auf der Vorderseite liest Simone:

Es ist verboten zu saufen
Es ist verboten, sich Porno-Videos aus Papas Geheimfach reinzuziehen
Es ist verboten zu kiffen
Es ist verboten, Cannabis anzubauen
Es ist verboten zu träumen
Es ist verboten zu lügen
Es ist verboten, wegen Mathe sitzenzubleiben
Es ist verboten zu versagen

Auf der Rückseite hat Andy notiert:

```
Es ist verboten, Atomkraftwerke hopsgehen zu
lassen –
sie tun es trotzdem
Es ist verboten, das Meer zur Müllkippe zu
machen –
sie tun es trotzdem
Es ist verboten, mein Müsli zu ver-
giften –
sie tun es trotzdem
Es ist verboten, Ölquellen anzuzünden –
sie tun es trotzdem
Es ist erlaubt, Bomben zu bauen,
Kriege zu führen
Es ist erlaubt, sich totzuarbeiten, totzusau-
fen, totzukiffen, totzuhuren, wenn du erstmal
18 bist
Was für ein Wahnsinn!!!
```

4

Simone hat ein Bild im Kopf: Andy mit der Schultüte. Er lächelt stolz in die Kamera. Stolz war er auf alles, auf den ersten Schultag, die Schultüte und die neuen Klamotten. Die Eltern hatten ihn in einen Jeansanzug gesteckt.

Dieses Foto existiert.

Sie könnte hinunter ins Wohnzimmer gehen und das Album aus der Anbauwand holen. Es trägt die Aufschrift »ANDREAS«.

Die Mutter hat vier Alben angelegt: eines für Andy, eines für Simone, eines, in dem beide Kinder vorkommen, und eines für sich und den Vater. So hat das Familienleben seine Ordnung, verpackt zwischen Fotoseiten.

Sie muss das Album nicht aufschlagen. Sie kennt das Foto. Sie erinnert sich sogar an den Augenblick, in dem es aufgenommen wurde.

Andy war damals sieben, und sie war drei. Andy hatte ihr auf dem Weg zur Schule im Auto eine lebendige Schnecke in die Hand gedrückt. »Heb Tommy für mich auf, bis die Schule aus ist!«, hatte er ihr zugeflüstert.

Die Schnecke hatte sich furchtsam in ihr Gehäuse zurückgezogen. Simone schloss behutsam die Hand darum.

Als Andy dann fotografiert wurde, meinte die Mutter: »Komm, Simone, wir lassen den Fotografen auch ein Bild mit dir und Andreas machen.« Sie griff nach Simone. »Was hast du denn da in der Hand? Igitt! Eine Schnecke! Wie eklig! Wo hast du die denn her?« Sie nahm Simone die Schnecke weg und warf sie irgendwohin.

Andy hörte sofort auf, in die Kamera zu lächeln.

»Nein! Nicht!«, schrie er verzweifelt, »das ist doch Tommy!« Er heulte bitterlich, und die Mutter wunderte sich. Sie hatte es doch nicht böse gemeint!

Sie hat wohl nie irgendetwas böse gemeint.

Ein anderes Bild, das Simone im Kopf hat, existiert nicht in einem der Fotoalben. Es ist nur eine Erinnerung aus der Zeit vor drei Jahren.

Es ist der sechzehnjährige Andy im Hawaiihemd und teuren Levis, auf der Oberlippe der Anflug eines blonden Bärtchens, die glatten, dichten Haare kurz geschnitten, gewaschen und schwungvoll über die rechte Stirnhälfte geföhnt. Er hockt auf dem Teppichboden in seinem Zimmer, den Rücken gegen die Wand unterm Fenster gelehnt, und lächelt genauso stolz wie am ersten Schultag.

»He, Kolumbus! Ich glaube, ich hab mich noch nie so high gefühlt!«

Das war im Sommer. Einige Tage vor Schulbeginn.

Andy hatte das Schuljahr geschafft: Trotz schlechter Zensuren in Mathe und Physik war er nicht sitzengeblieben, weil der Vater dem Gymnasium einen teuren Videorekorder überlassen hatte. Zum Einkaufspreis, versteht sich, aus dem eigenen Laden. Das war so seine Art, Schwierigkeiten aus dem Weg zu räumen.

Danach waren sie zu viert für vierzehn Tage nach Spanien ans Meer geflogen. Den Rest der Ferien verbrachten Simone und Andy zu Hause.

Für die Eltern hatte wieder der Alltag begonnen: Sie verließen morgens gegen sieben Uhr dreißig die Wohnung und fuhren zum Geschäft. Abends gegen sieben kamen sie zurück.

Andy musste in dieser Zeit Mathe und Physik pauken. Mindestens vier Stunden täglich, damit der Videorekorder sich auch rentierte.

Während er lernte, traf sich Simone mit ihrer Freundin Katrin. Sie streiften gemeinsam durch die Kaufhäuser, probierten schrille Klamotten an, ohne etwas zu kaufen, und

Katrin gelang es hin und wieder, ein Teil mitgehen zu lassen. Simone traute sich das nicht.

Nachmittags wurde Andy öfter von Michi und Anna besucht. Sie hörten in seinem Zimmer Musik, brannten Räucherkerzen ab und tranken Cola. Etwas anderes war nicht im Kühlschrank. Den Barschrank im Wohnzimmer hielten die Eltern immer verschlossen.

Mitte August ging der Cannabis im Blumentopf ein. Irgendwelches Ungeziefer hatte ihn von innen her ausgehöhlt.

Simone war unglücklich. Schließlich hatte sie versprochen, die Pflanze gut zu pflegen.

»Hoffentlich ist Anna deswegen nicht böse mir mir?«, erkundigte sie sich morgens bei Andy.

»Na ja – begeistert wird sie nicht sein.«

Als Michi und Anna an diesem Nachmittag auftauchten, blieb Simone nichts anderes übrig, als den Tod des Cannabis einzugestehen.

Die sechzehnjährige Anna, die damals gerade einen Kopf größer als Simone war, warf ihr einen geringschätzigen Blick zu.

»So'n Schiet!«, sagte sie.

»Ich kann nichts dafür! Ehrlich nicht!«, beteuerte Simone. Ihre Stimme klang verzweifelt.

Anna wandte sich wortlos ab und verschwand mit Michi in Andys Zimmer.

Ungefähr eine halbe Stunde später wurde Simone wieder hereingerufen.

Andy hatte alle Rollläden heruntergelassen und die Kerzen angezündet. Die Stereoanlage dröhnte ziemlich laut. Das Licht im Zimmer war schummrig. Man konnte kaum etwas erkennen.

Andy, Michi und Anna hockten im Schneidersitz auf

dem Teppichboden. In der Mitte zwischen ihnen brannten Räucherstäbchen, hinterließen kleine Aschehäufchen auf dem braunen Velours.

Velours *Teppichboden mit weicher Oberfläche*

Die drei rauchten an einer einzigen Zigarette. Michi war gerade an der Reihe. Er hielt die filterlose Zigarette zwischen Daumen und Zeigefinger, presste sie vorne etwas zusammen, führte sie an die Lippen, legte die zweite Hand schützend um die Glut, so, als könnte ein Luftzug sie auslöschen, und nahm mit weit geöffneten Augen einen einzigen tiefen Zug.

Unbeweglich starrte er die Wand an und hielt den Rauch lange Zeit in der Lunge.

Erst, als er den Rauch wieder ausstieß, reichte er die Zigarette an Anna weiter. Sie machte die gleichen Handbewegungen, aber sie schloss die Augen und lehnte den Kopf in den Nacken.

Auch Andy rauchte mit geschlossenen Augen.

Dann fing Anna wegen der Cannabispflanze an: »Ich wollte dir nur sagen, dass es mir nichts ausmacht.« Sie war sanft wie ein schnurrendes Kätzchen. »So was kann jedem passieren.«

Michi schaltete sich ein: »Wir waren uns auch gar nicht sicher, ob es die richtige Pflanze war. Stoff kannst du nämlich nur aus der weiblichen herstellen!« Michi tat so, als wüsste er mit seinen achtzehn Jahren über alles zum Thema bestens Bescheid.

Andy nickte zustimmend und erklärte pathetisch: »Du siehst, Kolumbus, ein Unglück ist gar keins, wenn du nur die richtigen Freunde hast.«

Simone sagte nichts.

»Weißt du eigentlich, was wir hier machen?«, erkundigte sich Michi.

»Wir kiffen!« Anna kicherte affig.

Simone machte endlich den Mund auf: »Mensch, Andy! Wenn die Eltern das mitkriegen, gibt's aber hoppla Ärger!«

»Spaßverderberin!«, fauchte Anna.

Andy beeilte sich, Simone in Schutz zu nehmen. »Kolumbus verpfeift uns nicht. Ihr könnt euch hundertprozentig auf sie verlassen!«

Michi nickte und lächelte Simone an. »Weißt du«, sagte er großspurig, »es ist selbst für mich nicht leicht, an Stoff ranzukommen, wenn keine Schule ist. Sonst läuft so was über den Pausenhof. Dass ich heute was erwischt habe, ist reiner Zufall. Den müssen wir doch feiern.«

Dann erklärte er Simone, warum sie ins Zimmer geholt worden war. »Du musst uns um Viertel nach sechs aus dem Haus schmeißen. Es kann nämlich nach dem zweiten Joint passieren, dass wir kein Zeitgefühl mehr haben. Und ich hab wirklich keinen Bock drauf, Ärger mit euren Eltern zu bekommen. Verstehst du das?«

Nun gut. Simone setzte sich mit Andys Wecker in eine Ecke des Zimmers und sah zu, wie die andern den zweiten und dritten Joint drehten.

Nach dem ersten Zug aus dem dritten Joint stöhnte Anna plötzlich. »Mir ist so schlecht!« Sie rappelte sich auf und rannte ins Bad.

Simone hörte, wie sie sich übergab.

Michi und Andy bekamen auf einmal Hunger. Simone erklärte sich bereit, einen Berg Marmeladenbrote zu schmieren.

Um Viertel nach sechs bliesen sie gemeinsam die Kerzen aus, zogen die Rollos auf und öffneten das Fenster. Michi steckte Tabak, Zigarettenpapier und das Tütchen mit dem übrig gebliebenen Hasch ein, nahm die angeschlagene Anna an der Hand und verabschiedete sich.

Andy saß unter dem Fenster auf dem Boden und lächelte Simone stolz und glücklich an, so, wie er damals als kleiner Junge gelächelt hatte.

»He, Kolumbus! Ich glaube, ich habe mich noch nie so high gefühlt!«

Als Simone wissen wollte, wie das ist, high zu sein, antwortete Andy, dass es wie ein guter Traum wäre. »Du bist ganz locker drauf und hast auf einmal keine Angst mehr. Vor nichts. Weder vor Typen noch vor Sachen.«

»Aber Kiffen ist schlimm! Du wirst süchtig, und dann gehst du irgendwann dabei drauf!«

»Quatsch, Kolumbus! Von Hasch werd ich nicht süchtiger als einer, der Zigaretten raucht oder sich einen hinter die Binde kippt.«

Simone zweifelte. »Und warum ist es dann verboten? Zigaretten und Bier sind nicht verboten. Dafür wird überall Reklame gemacht. Nur bei den Glimmstengeln steht in der Werbung eine Warnung. Ich glaube, du machst dir was vor!«

»Mach ich nicht! Du musst nur Zeitung lesen. In Holland ist Hasch zum Beispiel nicht verboten, weil es nämlich nicht gefährlicher ist als Alk. Alk frisst die Leber auf, Hasch tut das nicht. Es gibt wirklich Schlimmeres. Kannst du mir glauben!«

»Und was gibt es Schlimmeres?«

Sie ging ihm mit ihrer Fragerei auf die Nerven. Andy stöhnte unüberhörbar. »Oh Mann – willst du's wirklich wissen?«

an der Nadel hängen *heroinabhängig sein*

Simone wollte.

Crack *Kokain enthaltendes Rauschgift*

Andy stöhnte ein zweites Mal. »Also gut, du Nervensäge! An der Nadel hängen ist schlimmer, oder Crack oder sonst was, oder –« Er dachte einen Augenblick nach, verzog das Gesicht zu einem breiten Grinsen und breitete pathetisch beide Arme aus. »– Oder jeden Tag ’ne Flasche Schnaps kippen, ist zum Beispiel schlimmer. Dabei gehst du todsicher hops, sogar schneller als ’n Junkie.«

Junkie *Drogenabhängiger*

»Bist du ein Junkie?«

»Ich? Oh Mann – ich kiffe doch bloß! Ich werde nie ein Junkie! Ich bin doch nicht bekloppt. Oder seh ich so aus?«

Nein. So sah er nicht aus. Eher wie ein zufriedener großer Bruder, der von der kleinen Schwester blödsinnig genervt wurde.

5

Andys Unglück begann vier Wochen nach den großen Ferien.

Er flog von einem Tag zum anderen von der Schule.

Niemand erklärte Simone die Gründe dafür. Die Eltern schwiegen erbittert, selbst der sonst leicht erregbare Vater blieb bedrohlich ruhig. Andy schloss sich zwei Tage in seinem Zimmer ein. Die Stimmung zu Hause war absolut auf dem Nullpunkt.

Simone blieb nichts anderes übrig, als sich in der Pause an Michi zu wenden. Der zuckte verlegen die Schultern. »Das muss dir schon Andy erzählen!«

Aber dann nahm er sie beiseite und zog sie mit sich in eine Ecke des Schulhofs.

»Pass mal auf, Kolumbus«, er sprach leise und hastig, »ich weiß ja, dass wir uns hundertprozentig auf dich verlassen können. Aber du musst auch wegen dir selbst vorsichtig sein. Wenn irgendwas davon rauskommt, dass du dabei warst, dann könnte es passieren, dass sie dich ins Heim geben. – Die würden dir einfach nicht glauben, dass du *nicht* gekifft hast!«

Simone erschrak. Sie glaubte Michi jedes Wort.

Nach der Pause erfuhr sie dann von Katrin den Grund für Andys Rausschmiss: Er war mit Hasch erwischt worden.

In wenigen Stunden hatte sich das Gerücht verbreitet, Andy wäre ein Dealer.

»Das ist einer, der mit Drogen handelt.« Katrin war auch erst zwölf, aber sie schien Bescheid zu wissen.

Am Abend ließ Andy Simone zu sich ins Zimmer. Die Unordnung dort war perfekt.

Es sah aus, als wäre ein Orkan durchgefegt: Bücher und Musikkassetten lagen ineinander verkeilt auf dem Teppich, dazwischen mehrere Paar schmutzige Socken, Unterwäsche und eine Jeans. Auf dem Schreibtisch Notizzettel, haufenweise zerknülltes Papier, eine Schuhschachtel und drei gebrauchte Kaffeetassen.

»Bist du ein Dealer?«

»Quatsch!« Andy suchte in dem Durcheinander nach einer bestimmten Kassette. »Ich bin auch nicht süchtig, falls du das wissen willst. Ich kiffe bloß, wenn ich Bock drauf habe.«

»Und deshalb bist du von der Schule geflogen?«

Andy gab seine Suche auf, setzte sich auf das ungemachte Bett und fuhr sich mit einer Hand nervös durch die Haare. »Oh Mann, Kolumbus! Ich bin mit Stoff erwischt worden. Michi hatte ihn besorgt, und ich sollte ihn für uns aufheben.«

Weil Simone nicht aufhörte zu fragen, erzählte ihr Andy die ganze Geschichte. Irgendjemand musste gewusst haben, dass er den Stoff bei sich hatte. Er wurde zum Direktor gerufen und musste seinen Tascheninhalt auf den Tisch legen.

Das weiße Papiertütchen, das Michi ihm auf dem Pausenhof zugesteckt hatte, enthielt zehn Gramm Haschisch. Es hätte für zwanzig Joints gereicht.

Hätte Andy nur ein oder zwei Gramm bei sich gehabt, hätte er als Kiffer dagestanden. So ging der Direktor davon aus, dass Andy auf dem Pausenhof mit Stoff *handelte*.

Zehn Gramm sind immerhin um die zweihundert Mark wert. Andy hätte Michi verpfeifen müssen, um den eigenen Kopf aus der Schlinge zu ziehen.

Weil er das nicht tat, hatte er keine Chance.

Simone war empört. »Und Michi? Ich denke, ihr seid dicke Freunde? Ich würde Katrin nie hängen lassen, wenn sie vom Kaufhausdetektiv erwischt würde!«

Andy zuckte die Schultern. »Weißt du, ich hab sowieso schon lange keinen Bock mehr auf Schule! Und Michi braucht nur noch ein Jahr bis zum Abi. Das ist schon okay unter Freunden. Irgendwann verschwinde ich sowieso und lebe mein eigenes Leben.«

»Und ich?«

»Was meinst du damit?«

»Du kannst doch nicht einfach verschwinden und mich hier allein rumhängen lassen!«

Andy lachte. Es klang offen und fröhlich. »Klar doch, Kolumbus, ich lass dich nicht im Stich!«

Zwei Wochen später hatte der Vater für Andy eine Lehrstelle bei Elektro-Neuber gefunden.

Er schärfte Simone und Andy ein, mit niemandem darüber zu reden, warum Andy von der Schule geflogen war.

»Ich könnte meine besten Kunden verlieren, wenn rauskäme, dass mein Sohn was mit Drogen zu tun hat!«

6

Ein Zettel aus Andys Zettelkasten:

Logisch, dass uns die Alten in Schach halten wollen! Wir könnten sie ja sonst tatsächlich ins Aus schicken!

Teil 2

1

Zwei Monate lang wurde Andy von den Eltern streng überwacht. Sie achteten darauf, wann er die Wohnung verließ und wann er zurückkehrte. Er durfte keine Räucherstäbchen mehr abbrennen, sich mit keinem seiner Freunde treffen und abends und an den Wochenenden nicht ausgehen.

»Wir wollen«, forderten die Eltern übereinstimmend, »dass du dich von allem fern hältst, was nur im Entferntesten mit der Szene zu tun haben könnte.« Räucherstäbchen gehörten in ihren Augen offensichtlich dazu.

Andy ging nun jeden Morgen pünktlich ins Geschäft oder zur Berufsschule und legte auf Verlangen der Eltern einen Teil des Geldes, das er dafür bekam, aufs Sparbuch.

Simone erinnert sich auch an zwei regnerisch graue Sonntage im Oktober und November, an denen sie mit Andy Mensch-ärgere-dich-nicht und Scrabble spielte.

Scrabble *Gesellschaftsspiel, bei dem man Wörter legt*

So besehen schien alles wieder in Ordnung zu sein, obwohl nichts in Ordnung war.

Andy fühlte sich von den Eltern unterdrückt. Er sprach nur nicht darüber. Das war so seine Art. Er war schon immer der eher stille Typ gewesen, anders als der Vater; eher wie die Mutter. Simone kann sich nicht erinnern, ihn jemals bei einem lautstarken Streit erlebt zu haben. Nicht in der Schule und nicht zu Hause.

Früher, als er noch klein war, hatte er sich jedes Mal in sein Zimmer zurückgezogen, wenn er sich ungerecht behandelt fühlte. Dort heulte er dann. Und nur Simone durfte davon wissen.

Anfang Dezember lockerte der Vater die Ausgangssperre für Andy. »Allerdings nur unter einer Bedingung«, sagte er, »Simone begleitet dich bei deinen Ausgängen, und ihr seid spätestens um acht zurück. Ich will nicht, dass ihr euch draußen in der Dunkelheit herumtreibt.«

Sie saßen beim Abendessen, das die Mutter nach acht Stunden Arbeit im Geschäft jeden Abend sorgfältig zubereitete.

Simone weiß noch, wie sie und Andy gleichzeitig aufhörten, an einem Stück Rindfleisch zu kauen, und sich überrascht anstarrten. Dabei fiel Simone auf, dass Andys Schnauzer auf der Oberlippe inzwischen unübersehbar in Form gekommen war.

Sie grinste ihm zu. Er nickte beinahe unmerklich.

»Einverstanden?«, fragte der Vater und erwartete gar keinen Widerspruch.

Die Mutter lächelte müde und erschöpft. »Ich finde Papas Vorschlag akzeptabel. Ihr beiden kommt doch gut miteinander klar –«

»Also, wenn ich das richtig verstehe, dann wollt ihr, dass ich meine kleine Schwester als Aufpasserin mitnehme?«

Die Mutter beschwichtigte: »Simone ist ja nicht irgendwer –«

Jetzt grinste auch Andy. »Simone ist ein prima Kerl – okay, einverstanden!«

Vor den Eltern nannte er sie niemals Kolumbus. Das und eine Menge anderer Dinge gingen die Eltern nichts an.

Am folgenden Sonntag arrangierte Andy einen Kinobesuch mit Simone und mit Michi und Anna. Eine Verabredung, von der die Eltern natürlich nichts erfuhren.

Michi und Anna waren auffällig einsilbig. Sie hatten auch keine Lust, nach dem Film mit Andy noch ins »Flash« zu gehen. »Da gehn wir schon lang nicht mehr hin«, sagte Anna, »das ist out.«

»Und wohin geht ihr jetzt?«, erkundigte sich Andy.

orakeln *in Andeutungen sprechen*

»Mal hierhin – mal dorthin«, orakelte Michi.

Andy begriff noch nicht, worauf Michi hinauswollte. »Ich bin jetzt wieder mit von der Partie!«, verkündete er fröhlich. Anna warf ihm einen kühlen, abschätzigen Blick zu.

Simone dachte, Michi und Anna wären deshalb so einsilbig, weil sie als Aufpasserin danebenstand.

»Also«, versicherte sie eifrig, »also wegen mir braucht ihr euch keine Sorgen zu machen. Andy kann sich ruhig ohne mich mit euch treffen. Ich geh dann zu meiner Freundin Katrin. Auf die kann ich mich verlassen.«

Sie sah, wie Michi den Kopf schüttelte. Entschlossen und hart sagte er: »Darum geht es nicht!«

»Worum dann?«, fragte Andy.

Anna lachte hochmütig. »Weißt du das wirklich nicht?«

»Was soll ich wissen?«

»Meine Güte, bist du gehirnamputiert, oder was? Es geht um dich! Du bist uns zu gefährlich!« Es schien Michi völlig egal zu sein, ob er Andy verletzte oder nicht. »Wenn wir uns mit dir treffen, dann heißt es doch gleich, dass wir was mit Drogen zu tun haben, nachdem sie dich erwischt haben. Und dann fliegen wir auf!« Anna setzte noch eins drauf. »Dass es vor zwei Monaten keine Anzeige gegeben hat, hast du nur deinem Alten zu verdanken. Diesmal war's kein Video, sondern 'ne handfeste Spende. Bares.«

»Also: finish! Keine Kontakte mehr. Auf das Treffen im Kino haben wir uns nur eingelassen, um die Dinge klarzustellen.«

Andy starrte entgeistert von Michi zu Anna, dann drehte er sich wortlos um und lief einfach weg. Simone musste hinter ihm herrennen.

Zu Hause zog sich Andy in sein Zimmer zurück und drehte die Stereoanlage auf.

Es dauerte zwei Stunden, bis er Simone zu sich ließ. Zuerst saß sie nur stumm neben ihm auf dem Teppichboden und hatte das Gefühl, genauso wütend und traurig wie Andy zu sein.

Als Andy unerwartet gegen die Stereoboxen anbrüllte, schrak sie zusammen.

»Die können mich mal!«, brüllte er. »Ich bin doch auf solche miesen Typen nicht angewiesen!«

Simone schrie zurück: »Meinst du Michi und Anna?«

Es war wirklich schwierig, sich gegen den hochgefahrenen Hardrock zu verständigen. Andy hatte ein Einsehen und drehte die Lautstärke runter.

»Exakt! Michi, der Pausenhofking! Dass ich mich nicht totlache! Spielt hier den Obermacker, nur weil er uns mit Stoff versorgt!«

Simone pflichtete ihm bei.

Danach zog sich Andy wieder in ein mürrisches Schweigen zurück.

»Du, Andy –«, Simone stupste ihn behutsam mit dem Ellenbogen an, »darf ich dich mal was fragen?«

Andy nickte stumm.

»Das mit der Anzeige bei der Polizei – stimmt das? Wegen zehn Gramm?«

Andy nickte wieder, ohne etwas zu sagen.

»Warum? Ich versteh das nicht. Hasch ist doch nicht dasselbe wie Heroin. Heroin, hast du selbst gesagt, soll viel schlimmer sein.«

Andy raffte sich auf, sein Schweigen zu beenden. »Darum geht es nicht. Es geht den Gruftis doch nicht darum, was schlimmer ist und was weniger schlimm. Jeder Stoff ist für sie illegal, ob Hasch oder Heroin. Sobald du mehr in der Tasche hast, als du für den Eigenbedarf brauchst, wanderst du in den Knast. So einfach ist das!«

»Aber das ist doch ungerecht!«

»Wer will denn Gerechtigkeit?« Andy lachte höhnisch.

So hatte Simone ihren Bruder noch nie erlebt.

Am nächsten Morgen rasierte er den mühsam herangezogenen Schnauzer ab.

2

Aus Andys Zettelkasten:

Vergiss sie!
Vergiss Anna!
Vergiss die ganze Welt! Sie kotzt nur an.

3

Simone weiß heute, dass Andy damals nicht süchtig war. Ja, er war nicht einmal abhängig vom Hasch. Er brauchte es nicht unbedingt. Nicht so, wie der Vater seine Zigaretten brauchte. Sie weiß aber auch, dass er vielleicht niemals an Natalie geraten wäre, hätte sie selbst nicht mitgespielt.

Andy ging es damals um nichts anderes als darum, sich selbst zu beweisen, dass er Michi nicht brauchte.

Jeder in der Stadt wusste, wo sich Anbieter und Abnehmer der Drogenszene trafen. Die Polizei observierte, führte Razzien und Festnahmen durch. Ohne großen Erfolg.

observieren *überwachen*

Die Leute aus der Szene tauchten für einige Wochen ab und dann wieder auf. Tauchten sie wieder auf, parkte auch das »Drobsmobil« der Drogenhilfe am Neumarkt und bot den Süchtigen Rat und Hilfe an.

Da Andy sich immer noch nicht allein in der Stadt bewegen durfte, holte ihn Simone an diesem Samstagnachmittag bei Elektro-Neuber ab.

Den Eltern hatten sie gesagt, sie würden in der Innenstadt einen Schaufensterbummel machen.

Sie fuhren mit der Bahn zum Neumarkt und betraten von dort aus den Innenhof zwischen Bibliothek, Volkshochschule und Ärztehaus.

Natalies feuerrote Löwenmähne fiel Simone sofort auf.

Die Rothaarige warf ihnen einen raschen, aber anscheinend desinteressierten Blick zu.

Es war kalt und grau und nieselte. Typisches Dezemberwetter.

»Du hältst dich auf jeden Fall im Hintergrund«, schärfte Andy Simone ein, »ich deichsle das allein – okay?«

Auf der Eingangstreppe zur Volkshochschule saßen zwei Typen und rauchten. Unter den kahlen Bäumen der Hofanlage schmuste ein Pärchen in der lausigen Kälte. Es war absolut nichts los.

Inmitten dieser tristen Umgebung leuchtete Natalie wie ein fröhlicher Farbfleck. Zum feuerroten Haar trug sie lila Strickleggins und eine schwarze abgeschabte Lederjacke. Sie war älter als Andy. Simone schätzte sie auf ungefähr Anfang zwanzig.

Gelangweilt stand sie vor dem Schaufenster einer Boutique und betrachtete die Auslage.

»Warte hier auf mich, Kolumbus!«

Betont lässig schlenderte Andy zu der Rothaarigen hinüber und stellte sich neben sie. Ein oder zwei Minuten sah es so aus, als interessierten sich die beiden ausschließlich für das Schaufenster.

Simone konnte nicht hören, aber auch nicht sehen, ob sie irgendwie miteinander flüsterten. Sie wartete wie festgewachsen im Nieselregen und hatte wieder, wie damals in Andys Zimmer, dieses prickelnde und aufregende Gefühl, an einem Abenteuer teilzunehmen.

Was aber, wenn Andy sich täuschte? Wenn die Rothaarige ihm jetzt eine schmierte?

Sie sah nicht so aus, als ließe sie sich gern von Halbwüchsigen anmachen.

Nichts dergleichen geschah.

Andy kam zurück, und das Abenteuer schien beendet. »Fehlanzeige«, sagte er. »Ist ja auch kein Wunder bei dem Sauwetter!«

Er hakte sich bei Simone unter. Sie mochte das sehr gern. So eingehakt konnte sie sich einbilden, nicht seine kleine Schwester, sondern schon ziemlich erwachsen und seine Freundin zu sein.

»Ich versuch's vielleicht morgen noch mal.«

Danach bummelten sie eine halbe Stunde ziellos durch die Fußgängerzone, die ebenfalls wie ausgestorben wirkte.

Einmal meinte Simone Natalies rote Mähne hinter dem Vorbau eines Schuhgeschäftes entdeckt zu haben. Aber sie war sich nicht sicher.

Für die Heimfahrt nahmen sie die U-Bahn.

Hier passierte es.

Die Rothaarige saß plötzlich hinter ihnen.

»Wenn du zwanzig De-Em hast«, flüsterte sie, »kriegst du 'n Gramm ab. Dreh dich nicht um. Lass den Geldschein einfach unter deinen Sitz fallen.«

Simone fühlte, wie ihr Herz aufgeregt in der Halsschlagader klopfte.

Andy wurde rot bis über beide Ohren.

Nervös fummelte er einen Zwanzigmarkschein aus der

Reißverschlusstasche seines Blousons, knüllte ihn fest in der Faust zusammen, beugte sich langsam auf seinem Sitz nach vorn, stützte die Arme auf die Knie, so, als wolle er vor sich hindösen, und ließ den Geldschein wie zufällig unter die Bank fallen. Schließlich kratzte er sich am Unterschenkel und schob den Schein unauffällig weiter.

»In der Zeitung«, flüsterte die Rothaarige, »aber warte, bis ich ausgestiegen bin!« Sie stand auf. Dabei fiel ihre Umhängetasche zu Boden. Sie bückte sich. Mit der Tasche hob sie auch den Geldschein auf. An der nächsten Station stieg sie aus.

»Komm, Kolumbus, wir setzen uns eins weiter nach hinten!«

Simone hatte nun nicht nur Herzklopfen, nein, die Hände waren feucht vor Aufregung, und die Knie zitterten leicht.

Sie wechselten die Sitzbank, und Andy steckte die zusammengefaltete Zeitung, die wie zufällig auf einem der beiden Sitze lag, so wie sie war unter seinen Blouson.

»Und was, wenn sie nur zwanzig Mark schnorren wollte?«

»Glaub ich nicht.«

Als Andy dann die Zeitung in seinem Zimmer auseinanderfaltete, klebte, mit Kaugummi befestigt, ein kleines weißes Papiertütchen auf der Kulturseite.

»He, Kolumbus!« Andy lächelte stolz und glücklich. »Ich hab's geschafft!«

Er öffnete das Tütchen und zeigte Simone den Inhalt. Es sah wie dreimal gekauter, an der Luft getrockneter Kaugummi aus, fingernagelgroß und flach.

»Siehst du! Ich brauch den miesen Pausenhofking nicht! Ich kriege, was ich will, auch ohne ihn!« Andy triumphierte.

»Willst du das gleich rauchen?«

»Ich bin doch nicht bekloppt! Papa würde das sofort riechen. Nein, ich warte, bis die Alten pennen.«

Simone schlief in dieser Nacht ohne aufzuwachen.

Als sie Andys Zimmer am nächsten Morgen betrat, hing ein schwacher Geruch von Räucherstäbchen im Raum. Sie öffnete das Fenster.

»Na, wie war's?«, erkundigte sie sich und kam sich sehr erwachsen vor, weil sie Bescheid zu wissen glaubte und bei dem Gedanken an den Joint, den Andy geraucht hatte, ganz cool blieb.

Andy wirkte nachdenklich, ja sogar enttäuscht. »Ich weiß nicht – irgendwie ging die Post nicht ab. Vielleicht bringt der Stoff mehr, wenn du mit Freunden zusammen bist – vielleicht ist das ähnlich wie mit dem Saufen: Allein saufen ist auch nicht das Gelbe vom Ei!«

Eine Woche lang ereignete sich nichts Aufregendes. Andy hatte anscheinend keine Lust, sich Stoff zu besorgen.

Was Simone damals noch nicht wusste, war, dass ein Gramm ausreicht, sich einen zweiten einsamen Mitternachtsjoint zu drehen.

Drei Tage vor Weihnachten begegneten sie Natalie in der U-Bahn.

Simone glaubte, diese Begegnung wäre ein Zufall. Heute ist sie davon nicht mehr überzeugt.

Natalie begrüßte sie aufgekratzt und fröhlich wie alte Freunde.

»Na, ihr zwei? Ihr lasst euch ja gar nicht mehr blicken!«

Andy lief rot an und zupfte sich verlegen am Ohrläppchen. »Hat sich eben nicht so ergeben.«

»Seid ihr auf dem Weg in die Stadt?«

»Nur wegen Weihnachten«, Simone beeilte sich, Andy

aus der Verlegenheit zu helfen, »Andy braucht noch ein Geschenk für unsere Oma.«

»Na ja – Weihnachtsgeschenke müssen nun mal sein«, murmelte Andy in seinen nicht vorhandenen Bart.

»Für eure Oma?«, echote Natalie.

»Hast du was dagegen?« Andy versuchte es mit einem patzigen Tonfall.

Natalie lachte. »Warum sollte ich?« Sie wandte sich an Simone.

»Aber wenn es eure Oma ist, dann bist du gar nicht seine Freundin – oder?«

»Du dachtest, ich sei Andys Freundin?« Simone hatte das Gefühl, in diesem Augenblick mindestens um zwei Zentimeter zu wachsen. »Ich bin Andys Schwester!«

»Aha –! Und wie heißt du?«

»Simone – aber Andy nennt mich Kolumbus.«

»Also Kolumbus finde ich witzig. Ich heiße übrigens Natalie. Sagt mal –« Sie unterbrach sich und warf prüfend einen Blick durch den Waggon. Vier oder fünf Leute saßen weiter hinten. Trotzdem senkte sie sicherheitshalber die Stimme: »Sagt mal, braucht ihr was? Also, wir könnten uns auch bei mir zu Hause treffen. Ich hab immer was da. Sitze an einer guten Quelle. Und mir war neulich schon klar, dass ihr zwei euch noch nicht so gut auskennt!«

»So – tatsächlich?«, brummte Andy.

»Korrekt! Und von mir aus kannst du ruhig sauer sein! Aber neulich wärst du besser in die U-Bahn runtergegangen, anstatt mich anzumachen. Unten ist mehr los als oben im Forum!«

»Als ob ich das nicht wüsste!«, antwortete Andy patzig, wurde wieder feuerrot und starrte wie gebannt durchs Fenster in die Dunkelheit der Tunnelröhre, durch die der Zug gerade fuhr.

Natalie hatte anscheinend keine Lust, sich seine dummen Sprüche länger anzuhören. »Na ja – dann! Ich muss die Nächste raus.« Sie stand entschlossen auf. »Vielleicht trifft man sich ja bei Gelegenheit –«

Simone sah genau, wie Andy schluckte. Sein Adamsapfel bewegte sich heftig. Schließlich gab er sich den notwendigen Ruck: »Also«, sagte er, »also, wenn ich ehrlich bin, dann find ich deine Einladung gut. Ich müsste nur wissen, wo du wohnst.«

Natalie lächelte. »Gib mir deine Hand!«

Folgsam hielt ihr Andy die Handfläche entgegen.

»Handrücken!«, kommandierte sie und fischte einen Filzschreiber aus ihrer Umhängetasche.

Als die Bahn in die nächste Station einfuhr und Natalie fröhlich winkend ausstieg, trug Andy ihre Adresse auf dem Rücken der linken Hand.

Simone und Andy besuchten Natalie bereits am nächsten Tag. Sie wohnte in einem Altbau unterm Dach in einer Wohngemeinschaft und schien nicht überrascht, die beiden so schnell wieder zu sehen.

Sie war gerade beim Plätzchenbacken, als sie ihre beiden Gäste in einer großen, etwas ungemütlichen Wohnküche in Empfang nahm. »Ihr denkt sicher, ich bin bekloppt«, sagte sie und lachte, »aber ich finde, Weihnachten ohne Plätzchen ist gar kein richtiges Weihnachten. Ziemlich sentimental, was?«

»Ich mag Plätzchen!«, versicherte Simone. »Bei uns backt die Oma, weil unsere Mutter keine Zeit hat. Im Geschäft treten sich die Kunden zu Weihnachten ja auf die Füße!«

Dann stachen sie zusammen Sterne, Halbmonde, Engel und Weihnachtsbäume aus dem Teig. Verzierten sie mit Schokostreuseln und Liebesperlen. Lachten und redeten miteinander.

Gelegentlich streckte jemand aus der Wohngemeinschaft den Kopf zur Tür herein oder ging an den Kühlschrank und holte sich irgendetwas Essbares heraus. Keiner war verwundert wegen Simone oder Andy. Niemand fragte.

Ein langbeiniger junger Mann in Lederklamotten beugte sich über den Plätzchenteig, schnupperte und erkundigte sich bei Natalie: »Bist du sicher, dass du nicht zu viel Stoff reingetan hast?«

Natalie lachte. »Mannomann, verpiss dich! Wenn jemand den Durchblick hat, dann ich!«

»Was für 'n Stoff meint er?«, fragte Simone harmlos. Das trug ihr einen Rippenstoß von Andy ein.

»Na Hasch, was sonst? Wusstest du noch nicht, dass man's auch essen kann?«

Nachdem die Plätzchen goldbraun geworden und der Backofen abgestellt war, nahm Natalie Simone mit in ihr Zimmer.

Es war das kleinste in der Wohnung. Vom Fenster aus sah man auf die rußgeschwärzte Ziegelwand eines Hinterhauses. Dort, wo Ziegel aus der Mauer herausgebrochen waren, nisteten Tauben in den Löchern.

Auf dem Fußboden des Zimmers lag eine Matratze mit Bettzeug. Gegenüber hing ein großer alter Spiegel mit blinden Stellen im Glas. Drei Korbsessel waren mit Kleidungsstücken belegt. Auf dem Tisch Aschenreste und ein Aschenbecher voller Kippen. Unterm Fenster eine Stereoanlage.

Simone hatte selbst in Andys Zimmer noch nie so viel Unordnung auf einem Haufen gesehen.

»Na, dann macht es euch mal gemütlich.« Natalie raffte mit beiden Armen die Kleidungsstücke von den Sesseln und warf sie aufs Bett.

»Also, die Sache ist die«, sagte sie, »ich hab im Moment nur Gras da.«

Den Begriff »Gras« hörte Simone zum ersten Mal. Wusste Andy, was das war?

Marihuana *Rauschgift aus den getrockneten Blättern und Blüten der Hanfpflanze*

Er antwortete großspurig: »Also Marihuana –«

»Korrekt. Ist aber auch billiger. Du hast doch Geld dabei?«

Andy lief wieder einmal rot an, nickte und kramte umständlich zwei Zehnmarkscheine aus seiner Jeans.

Simone sah Andys Hand mit den beiden Geldscheinen. Er streckte sie Natalie entgegen, und Natalie nahm nur einen, schob ihn unter ihr Kopfkissen. »Einer genügt. – Wollt ihr mal 'ne Mischung ausprobieren?«

»Was für eine Mischung?«

Opium *Betäubungsmittel und Rauschgift aus der Mohnpflanze*

Zobel *Marder*

»Gras mit Opium. Wetten, ihr kennt das noch nicht?«

Andy schüttelte verwirrt den Kopf.

»Ohne Preisaufschlag – obwohl Opium viel teurer ist. Opium verhält sich zu Gras im Wert ungefähr so wie Zobelpelz zu Kaninchenfell.«

»Ich weiß nicht –« Andy zögerte, versuchte aber seiner Stimme einen möglichst desinteressierten Klang zu geben.

Simone fühlte sich unbehaglich, ohne zu wissen, warum.

»Also, entscheiden musst du schon selbst. Ich will dich ja nicht überfahren!«

»Na ja – vielleicht ein andermal?«

Natalie lachte. Sie schien gern und viel zu lachen. Manchmal klang es etwas übertrieben und hektisch. »Sag mal, Andy, sagst du immer so höflich Nein?«

Andy zuckte verlegen die Schultern.

Wahrscheinlich war er damals längst schon in Natalie verknallt.

Natalie kramte irgendwo zwischen ihren Klamotten eine braune Papiertüte hervor. Auf dem Tisch sah Simone eine angebrochene Packung Zigarettentabak und Zigarettenpapier.

Natalie suchte nach Streichhölzern, fand sie schließlich und zündete einen Kerzenstummel an.

Dann suchte sie sorgsam eine CD aus und legte sie ein. »Mögt ihr das?«

Simone konzentrierte sich auf die Musik und sah zu, wie Natalie den ersten Joint drehte. Sie machte es anders als Michi, nahm viel weniger Tabak – nur eine Prise. Die verteilte sie auf dem eingeknickten Zigarettenpapier, öffnete die braune Papiertüte, holte mit Daumen und Zeigefinger ein Häufchen Marihuana heraus. Es sah aus wie fein gehäckseltes Heu, war grünlich und musste anscheinend nicht wie Hasch über der Kerzenflamme angewärmt werden.

Natalie streute das grüne Zeug in einer dicken Schicht über den Tabak, rollte alles im Zigarettenpapier zusammen, feuchtete den Papierrand mit ihrer Zunge an, klebte ihn fest, walkte die Zigarette zwischen Daumen und Zeigefinger und kniff schließlich das eine Ende flach zusammen. Es war das Mundstück.

Dann zündete sie den Joint an.

Andy durfte den ersten Zug nehmen.

Simone saß daneben und fühlte sich nicht dazugehörig. Sie fing an, vor sich hinzuträumen.

Natalies sanfte Stimme holte sie in die Wirklichkeit zurück. »He, Kolumbus – du bist an der Reihe!« Sie hielt ihr den Joint hin und tat so, als sei es ganz selbstverständlich für eine Zwölfjährige, zu kiffen.

Simone schüttelte überrascht den Kopf. »Ich –?«

»Warum nicht? Träumst Du nur vom Zugucken?«

Andy schaltet sich ein. »Warte mal, Natalie. Sie hat doch noch nie einen mitgeraucht. – Ich weiß nicht, ob das richtig wäre – «

»Ich kann nämlich noch gar nicht rauchen«, versicherte Simone treuherzig.

Natalie lachte nervös. »Ist vielleicht auch besser so, Kleines. «

Es gab Simone einen Stich, dass Natalie sie auf einmal Kleines nannte.

Wenn sie heute darüber nachdenkt, kann sie sich nicht erklären, warum sie damals nicht angefangen hat zu kiffen. Sie hatte die Möglichkeit dazu. Manchmal fragt sie sich, ob es vielleicht doch so etwas wie einen Schutzengel gibt? Hat er sie davor behütet? Aber warum hat er dann nicht auch Andy behütet?

4

Weihnachten feierten sie wie jedes Jahr: mit der Oma, mit Christbaum, Christstollen, mit Weihnachtsliedern und teuren Geschenken – Andy und Simone bekamen unter anderem je einen CD-Player der Extraklasse –, mit Plätzchen und der obligaten Weihnachtsgans.

Die Eltern fanden Weihnachten wie immer sehr harmonisch. Andy fand es zum Kotzen.

Und Simone? Sie mochte Weihnachten, weil es für sie nach Zimt und Zucker und Lebkuchenzauber roch.

Nach Weihnachten begleitete sie Andy noch zweimal zu Natalie.

An einem Samstagnachmittag bat er sie, nicht mit in die WG hinaufzugehen. »Du könntest doch zwei, drei Stunden mit Katrin verbringen?« Er wurde rot wie eine Verkehrsampel.

»Klar doch!« Simone hatte verstanden.

Von nun an traf sich Andy allein mit Natalie, während die Eltern glaubten, er sei mit Simone in der Stadt unterwegs, im Kino oder sonst wo.

Simone und Katrin vergnügten sich wieder mit schrillen Klamotten in den Young-Fashion-Abteilungen der Kaufhäuser. Andys Affäre mit einer erwachsenen Frau fanden sie absolut spannend und romantisch.

Einmal, erinnert sich Simone, erzählte Andy, dass er Natalies Mischung aus Zobelpelz und Kaninchenfell ausprobiert habe. Er fand die Wirkung nicht schlecht und fing an, hemmungslos von Natalie zu schwärmen. Er hatte sich längst ganz verrückt und bekloppt verliebt. Anna war vergessen.

5

Eine Notiz aus Andys Zettelkasten:

Bei Natalie habe ich keine Angst.
Vor nichts und niemandem.
Auf einmal bin ich jemand!!

6

Anfang Februar erfuhren die Eltern von Andys Beziehung zu Natalie. Sie hatte Andy abends bei Elektro-Neuber abgeholt, und Herr Neuber hatte es sofort dem Vater berichtet.

Simone erinnert sich an dieses Abendessen wie an eine

Filmszene. Es gab Kotelett mit Rosenkohl und Salzkartoffeln.

Sie beobachtete, wie sich die Eltern Blicke zuwarfen und ansonsten erst einmal verbissen schwiegen, kleine Stücke vom Kotelett absäbelten und verdächtig lange darauf herumkauten.

Andy erkundigte sich ganz nebenbei: »Habt ihr Ärger im Geschäft?«

Der Vater hob ruckartig den Kopf und spannte den Rücken, so, als hätte Andy ihn gerade angegriffen.

Die Mutter legte Messer und Gabel beiseite und hörte auf zu essen. Mit der rechten griff sie nach Vaters linker Hand. Eine Beschwichtigungsgeste.

Sie versuchte es auf ihre stille und sanfte Art.

»Also, wenn du schon fragst, Andreas«, sagte sie, »es geht um das Mädchen, mit dem du anscheinend schon eine ganze Weile zusammen bist, ohne uns etwas davon zu sagen. Meinst du nicht, sie ist etwas zu alt für dich? Und–«, hier zögerte Mutter, hielt aber immer noch Vaters Hand fest, »und – du weißt ja: Mit Leuten, die Aids haben könnten, kann man nicht vorsichtig genug sein. Also: Dein Vater und ich finden, das Mädchen passt nicht zu dir.«

Aids gefährliche Erkrankung des Immunsystems

Andy hatte gerade eine Gabel Rosenkohl in den Mund geschoben und hörte überrascht auf zu kauen. »Woher wollt ihr wissen, dass sie nicht zu mir passt?«, fragte er mit vollem Mund.

»Junger Mann!« Der Vater schüttelte erregt Mutters Hand ab. Simone und Andy wussten: Jetzt war er nicht mehr zu bremsen. Er war auf hundertachtzig.

»Junger Mann! Dann wollen wir mal Klartext reden! Erstens hat deine Mutter recht, und zweitens lassen wir uns nur bedingt an der Nase herumführen. Deine rothaarige Hexe ist beileibe nicht so harmlos, wie du uns weismachen willst. Leg die Karten auf den Tisch: Du hast bei ihr gekifft! Gib's zu!«

Andy starrte den Vater trotzig an und schluckte den Rosenkohl hinunter.

Simone ergriff seine Partei. »Natalie ist wirklich nett«, versicherte sie, »und ich glaube auch nicht, dass sie irgendjemandem Aids anhängt. Das tut sie bestimmt nicht!«

Der Vater wurde noch eine Spur lauter: »Du hältst dich da raus, junge Dame. Wir zwei sprechen uns ohnehin noch. – Also, was ist, hast du gekifft oder nicht? Ja oder nein?«

Andy blieb erstaunlich ruhig. »Und wenn es so wäre? Deshalb hast du noch lange kein Recht, meine Freundin zu beleidigen, nur weil dir ihre roten Haare nicht passen!«

Andy wuchs in diesem Augenblick über sich hinaus. Er hatte es noch nie gewagt, dem Vater so offen die Meinung zu sagen und sich gegen ihn zu stellen.

»Was weißt *du* denn schon mit deinen sechzehn Jahren von Frauen? Du hast doch überhaupt keine Erfahrungen!«

Simone hörte so etwas wie hochmütigen Triumph aus der Stimme des Vaters.

Andy antwortete sehr leise und mit undurchdringlichem Pokerface: »Ach nee – wie viele Rothaarige hattest du denn schon?« Es war die unverschämteste Antwort, die er dem Vater je gegeben hatte, und er tat so, als hätte er das Harmloseste von der Welt gesagt.

»Andreas!« Die Mutter war empört. Simone hielt den Atem an. Der Vater holte wütend mit der rechten Hand aus und beendete das Gespräch abrupt mit einer Ohrfeige.

Andy knallte die weiße Stoffserviette auf den Teller, mitten hinein zwischen Kotelettrest, Rosenkohl und zerquetschte Salzkartoffel.

»Ihr kotzt mich an!«

»Das nimmst du sofort zurück!«

Andy ging ohne Antwort hinaus, knallte die Tür absichtlich zu und schloss sich wie üblich in seinem Zimmer ein.

Simone wurde von den Eltern einem peinlichen Verhör unterzogen. Sie sollte sagen, wie Andy Natalie kennen gelernt und was sie in der Wohngemeinschaft gesehen und gehört hatte.

Sie weigerte sich standhaft, etwas preiszugeben. In ihren Augen ging es darum, Andys Liebe zu Natalie von den Erwachsenen nicht zerstören zu lassen.

Selbst die Androhung eines Fernsehverbots mit Hausarrest brachte sie nicht zum Sprechen. Sie machte ein einziges Zugeständnis und versicherte den Eltern hoch und heilig, niemals gekifft zu haben.

Dass Natalie eine Kifferin war, mussten die Eltern auf irgendeine Weise erfahren haben.

»Wetten«, brummte der Vater ärgerlich, »wetten, sie kifft nicht nur? Das Luder ist bestimmt eine Fixerin und macht uns den Jungen kaputt.«

Noch am selben Abend gab Andy Simone einen Brief für Natalie. »Kannst du ihn morgen nach der Schule bei ihr abliefern? Es ist wichtig!«

Am nächsten Morgen fuhren die Eltern mit Andy zum Hausarzt. Er musste sich einem Aids-Test unterziehen.

Simone nahm Andys Brief mit in die Schule. Aber nur Katrin durfte einen Blick darauf werfen.

»Rasend romantisch!«, flüsterte sie, »bestimmt schwört Andy ihr ewige Liebe!«

Einen Augenblick lang fühlte sich Simone versucht, den Brief heimlich über Wasserdampf zu öffnen. Sie hätte zu gern gewusst, wie ein richtiger Liebesbrief aussieht. Aber dann war sie doch so fair, die Finger davon zu lassen.

Nach der Schule brachte sie den Brief zur WG. Natalie öffnete auf Simones Klingeln.

»Wo ist Andy?«, fragte sie enttäuscht und riss Simone den Brief aus der Hand. Simone wollte erzählen, was passiert war, aber Natalie hatte das Kuvert schon mit dem Zeigefinger aufgeschlitzt und las gierig. Sie hörte und sah nichts mehr um sich herum.

Simone stand unschlüssig im Hausflur. Sie wandte sich schon zum Gehen, als Natalie auf einmal fröhlich lachte. »He, Simone, warum kommst du nicht rein?«

Sie hatte sogar noch eine Cola im Kühlschrank, die Simone trinken sollte. »Ich mach ganz schnell«, versicherte Natalie, »aber warte bitte, bis ich dir meine Antwort an Andy mitgeben kann, ja?«

Es dauerte eine halbe Stunde.

»Für Andy«, hatte Natalie auf den Briefumschlag geschrieben. Ihre Schrift war klein und krakelig.

Simone verwahrte Natalies Antwort, bis Andy abends mit den Eltern heimkam.

Die Eltern hatten beschlossen, ihn diesmal noch strenger unter Hausarrest zu stellen. Sie bestanden darauf, ihn morgens bei Elektro-Neuber abzuliefern und abends wieder abzuholen. An einen Ausflug mit Andy in die Stadt war überhaupt nicht mehr zu denken.

In den Augen der Eltern hatte Simone ihr Vertrauen missbraucht.

7

Aus Andys Zettelkasten:

> **Warum tun die Alten so, als wäre ihr Leben ganz in Ordnung und nicht die Scheiße, die es ist? So kaputt wie die will ich nie sein!**

8

Noch in derselben Nacht wurde Simone davon wach, dass Andy neben ihrem Bett hockte und ihr mit dem Zeigefinger sanft über den Nasenrücken strich. »He, Kolumbus! Wach auf!«

Er trug das Hawaiihemd und seine Lieblingsjeans, hatte die Haare gewaschen und schwungvoll über die rechte Stirnhälfte geföhnt.

»Was ist los?«

Simone brauchte eine Weile, ihre Schläfrigkeit abzuschütteln. »Wie spät ist es eigentlich?«

»Kurz nach Geisterstunde. Die Alten pennen. Ich möchte mich von dir verabschieden. Ich hau ab!«

Simone setzte sich erschreckt im Bett auf und starrte ihn nur an.

»Tut mir leid für dich. Aber du verstehst das schon! Bist ein prima Kerl, Kolumbus!«

»Wohin?«, fragte sie schließlich.

Er lachte leise und zufrieden. »Wohin schon? Zu Natalie. Ich hab's doch vorausgesagt: Irgendwann leb ich mein eigenes Leben. Und das Irgendwann ist jetzt!«

Nein! Am liebsten hätte Simone geschrien: Nein! Ich will nicht, dass du weggehst! Sie hatte Angst davor, allein gelassen zu werden. Sie wollte Andy nicht verlieren. Sie wollte nicht ohne ihn hier zurückbleiben. Sie brachte kein Wort mehr heraus. Spürte nur einen Tränenkloß im Hals.

Andy streichelte beruhigend ihre Hand. »Ich bin doch nicht aus der Welt, Kolumbus – du kannst mich jederzeit besuchen! Und du wirst mich doch auch besuchen, oder?«, fragte er zärtlich und liebevoll, »du wirst mich doch nicht einfach vergessen, nur weil ich nicht mehr im Zimmer nebenan wohne?«

Simone wollte eigentlich antworten: »Klar doch! Logisch. Ist doch Ehrensache für mich, dich nicht im Stich zu lassen!« Sie nickte nur stumm. Wenn sie den Mund aufgemacht hätte, dann hätte sie tatsächlich angefangen zu heulen.

Andy setzte sich stillschweigend über Nacht ab. Außer einem Koffer mit Klamotten und einigen Kassetten und Büchern nahm er nichts mit. Er hinterließ auch keinen Abschiedsbrief.

Die Mutter schien am nächsten Morgen wie versteinert.

Der Vater bemühte sich, nicht zu toben.

Innerhalb kürzester Zeit fanden sie heraus, wohin Andy abgehauen war. Wie ihre Eltern es anstellten, Natalies Adresse zu erfahren, weiß Simone bis heute nicht.

Sie schreckten nicht davor zurück, Andy in der WG zu besuchen.

Andy erzählte später, sie hätten eine gute Stunde in der Wohnküche zugebracht und ihn mit Zureden, mit Drohungen und Versprechungen zurückholen wollen.

Aber Andy hatte seinen Entschluss gefasst und stand es durch.

Beim Abendessen drohte der Vater, Andy von der Polizei zurückbringen zu lassen. »Schließlich ist er noch nicht volljährig!«

Er tat es nicht.

Die Mutter benutzte den ersten Sonntag, um Andys Zimmer aufzuräumen. Danach sah es so aus, als hätte Andy hier niemals etwas angerührt. Auf dem Fußboden lagen keine Kassetten und keine Bücher mehr. Das Bettzeug war im Bettkasten verstaut, der Papierkorb geleert. Auf dem Schreibtisch stand keine benutzte Kaffeetasse mehr, und nirgendwo waren noch schmutzige Jeans oder gebrauchte Socken in einer Ecke aufgehäuft.

9

Aus Andys Zettelkasten:

Auf einmal ist die Welt wieder was wert.

10

Im selben Frühjahr wurde Katrin beim Klauen erwischt.

Simone hatte nichts mitgehen lassen, aber sie wich nicht von Katrins Seite, als die Freundin im Büro des Kaufhausdetektivs ausgefragt, festgehalten und schließlich ihrer Mutter übergeben wurde.

Selbstverständlich gab es Ärger.

Die Eltern verhängten zwei Tage Hausarrest, eine Woche Fernsehverbot und vier Wochen Kontaktsperre zu Katrin – eine Lächerlichkeit, fand Simone, weil sie sich ja jeden Tag in der Schule trafen.

Gegen Andy waren die Eltern sehr viel härter vorgegangen. Klauen war anscheinend weniger schlimm als Kiffen.

Teil 3

1 In Andys Schuhkarton findet Simone eine Notiz, die Andy in der Anfangszeit mit Natalie geschrieben haben könnte:

> **Du fühlst dich stark, und keiner haut dir mehr auf die Schnauze.**

2 Das war es also: das Irgendwann! Es war jetzt.

Andy hatte sich ins Leben abgeseilt. In sein eigenes.

Und es war bestimmt nicht für den Eimer gedacht. Kein Verpackungsmüll. Im Gegenteil.

Als Simone ihn zum ersten Mal bei Natalie besuchte, kochte er gerade für alle. Fröhlich und zufrieden stand er an einem Elektroherd, der wohl bald an Altersschwäche eingehen würde, lockerte Spagetti im siedenden Salzwasser, rührte Tomatensoße und trug stolz wieder die Andeutung eines Schnauzers auf der Oberlippe.

Andy war irgendwie richtig erwachsen geworden.

»He, Kolumbus! Schön, dass du kommst! Hol dir einen Teller, es ist genug da.«

»Ich kann nicht lang bleiben, die Eltern warten mit dem Abendessen.«

»Dann isst du eben zweimal. Schadet nicht in deinem Alter. Du musst noch wachsen und groß und stark und hübsch werden!« Er lachte breit und übermütig.

Die vier aus der Wohngemeinschaft saßen um einen großen Holztisch in der Wohnküche, tranken Wein oder Bier und redeten.

Sie mussten alle so um die zwanzig sein: Natalie, der Langbeinige, der seine Lederklamotten seit Weihnachten nicht gewechselt zu haben schien, ein Mädchen mit langen blonden Haaren und ein südländischer Typ mit schwarz gelockter Mähne bis auf die Schultern und großen dunklen Mädchenaugen.

Die Stimmung war bestens.

»Komm, setz dich zu mir!« Natalie räumte Plastiktüten von einem Stuhl. Ihre Augen funkelten lustig, in ihren Haaren hingen Spritzer von weißer Wandfarbe. Sie legte Simone freundschaftlich den Arm um die Schultern.

»Achtung, Leute! Es geht los!« Andy nahm den Spagettitopf vom Herd, schüttete ihn in ein Sieb ab, eine heiße Dampfwolke stieg auf. Er ließ kaltes Wasser über die Spagetti laufen. »So – fertig. Bitte anstellen zum Essenfassen!«

Beim Essen erzählte Natalie mit vollem Mund, dass sie für die WG einen Auftrag hätte. »Das bringt echt Kohle!«

Simone erfuhr, dass sich die vier gelegentlich mit Malerarbeiten und Dachausbauten Geld verdienten. Mucki, der Langbeinige, und Natalie waren die Spezialisten der Gruppe. Die Blonde, sie hieß Claudia, ging zur Uni, war mit Mucki befreundet und half beim Malen aus, genauso wie Selim. Er war Türke und fuhr Lastwagen. Manchmal war er eine ganze Woche in der Türkei unterwegs.

Andy war das Küken in der Runde, der Einzige, der als Azubi einen Acht-Stunden-Arbeitstag absolvieren musste. Seine Spagetti waren die besten, die Simone jemals gegessen hatte.

»Ich wusste gar nicht, dass du kochen kannst!«

»Kann ich auch nicht«, Andy schlürfte Spagetti von der Gabel, »ich hab's einfach mal versucht!«

Natalie gab Andy einen Kuss auf die tomatenverklebten Lippen.

Ja, Andy war gut drauf. Er war glücklich.

Natalie wohl auch. Ihr Lachen klang nicht mehr so hektisch wie sonst.

Es kam Simone überhaupt so vor, als hätte sich Natalie verändert. Damals konnte sie noch nicht wissen, dass sie recht hatte. Seit Natalie ernsthaft in Andy verliebt war, hatte sie eine gute Phase.

3

In den Osterferien wurde Simone dreizehn. Von den Eltern bekam sie ein Tausend-Mark-Mountainbike. Andy schenkte ihr ein batteriebetriebenes Neonröhrenherz. Es war handtellergroß und leuchtete hellgrün.

Herzlichen Glückwunsch, Kolumbus! hatte er auf die Vorderseite eines Zettels geschrieben, und auf die Rückseite: **Ein Herz für die beste kleine Schwester der Welt!**

Es sollte für die nächsten Jahre das letzte Geburtstagsgeschenk bleiben. Aber das ahnte Simone noch nicht und freute sich unbändig.

Zu ihrem Geburtstag kam Andy sogar auf einen Sprung zu Hause vorbei.

Simone gab am frühen Abend eine Party. Es war die Party, auf der sie sich in Tobias verliebte.

Die Eltern reagierten auf Andys überraschenden Besuch zwiespältig. Die Mutter freute sich, der Vater schien sich ebenfalls zu freuen, war aber krampfhaft bemüht, seine Freude nicht zu zeigen.

Andy aß drei hart gekochte Eihälften mit Remoulade und Ketchup und fünf Crackers mit falschem Kaviar, trank ein Glas Sekt und machte sich wieder aus dem Staub.

Die Eltern hatten Simones Gästen je ein halbes Glas Sekt zugestanden und überwachten den Konsum.

»Nun ja«, der Vater hatte Simone stolz betrachtet, »mit dreizehn bist du ja dabei, erwachsen zu werden. So 'n bisschen Sekt zum Eingewöhnen kann nicht schaden.« Er fand auch, dass sie heute besonders hübsch aussah. »Fast schon eine junge Dame!«

Popper *Jugendlicher mit gepflegtem Äußeren und angepasstem Verhalten (Gegenrichtung: Punk)*

Tobias war der Typ »Popper im Rauschgoldengel-Look«. Es gab Wetten auf seinen gepflegten Lockenkopf. Die einen behaupteten, die Locken seien Natur, die anderen setzten auf Dauerwelle. Er ging in die Achte, und die Mädchen aus der Siebten, vielleicht auch schon die aus der Sechsten, waren hinter ihm her. Er wurde auf fast jede Party eingeladen.

Als sie mit dem Tanzen anfingen, war Tobias sofort an Simones Seite und wich nur, als ihr Vater meinte, nun müsste er auch mal mit seiner einzigen Tochter tanzen.

Katrin, die sich für Simones Party besonders auffällig geschminkt hatte, nutzte die Gelegenheit und schnappte sich Tobias.

Sie hatte kein Glück bei ihm. Kaum gab Simones Vater etwas außer Atem auf, da ließ Tobias Katrin einfach stehen und kehrte zu Simone zurück.

So fing es an.

Simone und Tobias trafen sich von nun an in den Pausen und einmal oder zweimal die Woche auch außerhalb der Schule.

Damals glaubte Simone, sie hätte sich genauso bekloppt und verrückt in Tobias verliebt wie Andy in Natalie.

Heute erinnert sie sich mit einem belustigten Kopfschütteln daran, wie sie jeder Pause entgegenfieberte. Sie war süchtig danach, Hand in Hand mit Tobias über den Pausenhof zu schlendern. Das machte sie richtig high.

Sie dachte an Tobias, wenn sie einschlief, und sie dachte an ihn, wenn sie morgens aufwachte.

Da blieb nicht viel Platz für Gedanken an Andy. Deshalb wurden ihre Besuche bei Andy und Natalie immer seltener.

An einem Donnerstag, Ende April, warteten Michi und Anna vor Schulbeginn auf Simone.

»Hallo, Simone!«, sagte Michi, und sie erinnert sich genau, dass er sie damals nicht mehr Kolumbus nannte, »wir wollten mal hören, wie's Andy so geht.«

Simone blieb verwundert stehen. Seit einem halben Jahr waren ihr Michi und Anna aus dem Weg gegangen. Begegneten sie sich trotzdem, taten sie so, als hätten sie sich nie gekannt.

»Wieso interessiert ihr euch auf einmal wieder für Andy?«

»Nun ja, er soll doch jetzt in einer WG wohnen, wo er alles an Stoff kriegt, was er will – ich meine, nicht nur Hasch, auch Koks und Opium und sogar Heroin –, stimmt doch, oder?«, sagte Anna und lachte. Ihr Lachen klang eine Spur hysterisch.

Koks *umgangssprachlich für Kokain*

Koks und Opium und Heroin?

Das hörte sich ja an, als lebte Andy in einem Drogen-Supermarkt. So ein Quatsch! Simone war schließlich dabei gewesen: ein bisschen Kaninchenfell und ein bisschen Zobelpelz, ja. Aber mehr auch nicht!

»Könntest du ihm vielleicht mal einen Gruß von uns ausrichten?«, fragte Michi.

»Vielleicht!«, antwortete Simone patzig, ließ die beiden einfach stehen und betrat das Schulgebäude.

Als sie wenige Tage später Andy und Natalie wieder einmal besuchte und Annas Gruß ausrichtete, fragte Natalie: »Wer ist Anna?«

Andy zupfte sich verlegen am Ohrläppchen, dann strich er sich mit beiden Händen durch die Haare.

»Das sind die aus der Clique, von der ich dir schon erzählt habe.«

»Und? Was wollen sie? Wirklich nur einen schönen Gruß ausrichten?« Natalies grünliche Augen waren nachdenklich verengt.

Simone erzählte den Vorfall von Anfang bis Ende und dachte, Natalie sei vielleicht eifersüchtig auf Anna. Sie hatte auf einmal eine steile Falte auf der Stirn und sah älter aus, als sie war.

Schließlich entschied sie, dass es sich bei Michis Kontaktaufnahme mit Simone nur um eine zarte Anfrage gehandelt hatte.

»Selim sagte mir neulich, dass eine Ladung Hasch aus der Türkei nicht eingetroffen ist. Deshalb ist der Stoff im Augenblick etwas knapp.«

»Anna hat auch von anderen Sachen geredet –«, Simone war neugierig und wollte im Grunde nur eine Bestätigung dafür, dass Annas Gequatsche nicht ernst zu nehmen war.

Natalie reagierte verschlossen und abweisend. Hart und kurz angebunden sagte sie: »Quatsch!«

Selbst Andy wurde von ihrer Härte überrascht. »Aber Selim –«, entfuhr es ihm. Ein einziger Blick von Natalie brachte ihn zum Schweigen.

Simone fühlte sich unbehaglich.

Natalie schien Simones Unbehagen zu bemerken. Sie legte ihr den Arm um die Schultern und schlug einen versöhnlichen Ton an.

»Nun mach dir mal keine Sorgen, Kleines, es ist schon

alles okay. Am besten gehst du den beiden aus dem Weg, einverstanden?«

Als Andy sie zur Tür brachte, gab er ihr einen Kuss auf die Stirn. »Pass auf dich auf, Kolumbus!«

»Mach ich!«

Damit war ihr Unbehagen wie weggepustet. Alles, das ganze Leben, schien wieder einfach und leicht zu sein.

4

Jetzt, zwei Jahre später, findet Simone in Andys Zettelkasten eine Notiz, die ihr Unbehagen von damals bestätigt:

> **Wahnsinn! Mucki kokst! Und Natalie ist mal eine Fixerin gewesen. Aber sie ist endgültig drüber weg. Sie ist lieb. Sie sagt, sie hätte es auch wegen mir geschafft!**

5

Im Mai oder im Juni wurde Andy von den Eltern an einem Sonntag zum Mittagessen eingeladen. Anscheinend lag ihnen daran, den Kontakt wiederherzustellen.

Simone hatte die Einladung überbracht. Die Eltern sahen ihre Besuche in der WG zwar nicht gern, aber sie duldeten sie.

Der Tisch war sorgfältig und liebevoll gedeckt. Es gab Sternchensuppe, die Andy als Kind besonders gern gemocht hatte, und als Nachspeise Fürst-Pückler-Eis mit Sahne.

Andy saß an seinem Platz, als wäre er nie weg gewesen.

Die Mutter hatte frische weiße Stoffservietten in die emaillierten Serviettenringe gesteckt.

Emaille *glasharter Schmelzüberzug auf metallischen Oberflächen*

Der Vater unterhielt sich mit Andy über Geschäftliches aus der Elektrobranche.

Andy war locker drauf. Nur seine Augen – seine Augen hatten einen abwesenden Blick. Die Mutter forderte ihn immer wieder auf, sich noch etwas zu nehmen.

Kein Wort über Natalie.

Nichts über Kiffen oder gar Fixen.

Erst zwei Jahre später begann Simone sich zu fragen, was wohl hinter diesem Verhalten der Eltern gesteckt haben mochte.

Wollten sie nichts wissen?

Oder hatten sie gehofft, Andy würde von selbst umkehren, wenn sie ihm nur freundlich genug begegneten?

Es war ein Bilderbuchsonntag. Die Sonne hing an einem hellblauen Himmel und brannte wie an einem Sommertag.

Die Eltern setzten sich nach dem Essen auf die Terrasse und tranken Kaffee und Cognac. Der Vater rauchte.

Andy und Simone zogen sich in den Garten zurück. Als sie noch klein waren, hatten sie das jeden Sonntag so gemacht.

Der Garten war nicht groß. Es gab Mutters Gemüse- und Salatbeet, einen schmalen Rasen und Blumenrabatten. Im hinteren Teil des Gartens, neben dem Salatbeet, war an der Teppichstange eine Schaukel angebracht, die Simone gelegentlich noch benutzte.

Andy setzte sich auf den Rasen, der warm und trocken war, Simone auf das Schaukelbrett.

»Rauchst du immer noch nicht?«, fragte er und zog

eine filterlose, selbst gedrehte Zigarette aus der Brusttasche seines Sommerhemdes.

Simone verneinte. Andys träumerischer Blick kam ihr wie ein Schleier vor, hinter dem sich der echte Andy versteckt hielt.

Er wunderte sich. »Ich dachte, jetzt wo du mit einem Jungen zusammen bist – die Jungen in dem Alter rauchen doch alle.«

»Tobias ist in der Jugendmannschaft des FC. Deshalb raucht er nicht.«

Andy zündete die Zigarette an, nahm einen tiefen Zug und behielt den Rauch lange in der Lunge. Als er ihn ausstieß, war da wieder der leichte Geruch nach Räucherstäbchen.

Er traute sich, einen Joint zu rauchen, während die Eltern in der Nähe waren.

»Mensch, Andy! Wenn Papa das merkt!«

Andy lächelte versonnen. »Wenn schon. Rausschmeißen kann er mich nicht. Ich bin ja schon freiwillig gegangen!«

Er legte sich auf den Rücken ins Gras und sah aus, als träumte er mit offenen Augen in die weißen Wolkenpakete hinein, die am blassblauen Himmel auftauchten.

»Oh Mann, Kolumbus«, sagte er zwischen zwei Zügen, »merkst du das denn nicht? Ich bin zu bis oben hin. Anders könnte ich die Alten gar nicht ertragen.«

»Zu? Meinst du voll mit Hasch oder so was?«

Er tat, als hätte er ihre Frage nicht gehört.

»Also«, fing er an und redete mehr zu sich selbst weiter, »also im FC war ich auch mal. Aber geraucht habe ich trotzdem. Oh Mann, waren das noch Zeiten! In der großen Pause zu viert in der Kabine vom Jungenklo mit nur einer Zigarette. Das war in der Siebten. Und wehe, du wurdest erwischt! Die machten jedes Mal eine Staatsaktion draus. Am schlimmsten der Grasmüller. Dabei hatte der eindeutig gelbe Nikotinflecken an den Fingern. Der hat bestimmt zwanzig bis dreißig Glimmstengel pro Tag inhaliert, dieser Heuchler! Heuchelei, wo du hinguckst!«

Simone hörte zu, schaukelte leicht hin und her und betrachtete den Bruder.

Im Juli wurde er siebzehn. Das Bärtchen auf der Oberlippe war nun echt nicht mehr zu übersehen. Er wurde richtig erwachsen!

»In der Siebten«, fuhr er fort, »in der Siebten bist du ja noch echt bescheuert, hast null Ahnung und lässt dich erwischen. Beim Kiffen ist uns das nicht passiert. Und hätte mich nicht so ein Arschloch verpfiffen –«, Andy brach ab, nahm einen Zug von dem Joint, schloss die Augen und schwieg, solange er den Rauch in der Lunge behielt. Er rauchte den Joint so selbstverständlich wie der Vater seine Zigaretten.

Simone hatte Lust, mit Andy über Tobias zu reden. Sonst konnte sie das nur mit Katrin tun. Andy hatte schon Erfahrungen und würde ihr vielleicht Tips geben?

»Du, Andy –«

»Hm.«

»Hattest du damals auch schon 'ne Freundin?«

Andy nickte.

»Wirklich? Schon in der Siebten? Wie war das denn? Was habt ihr so gemacht?«

»Na ja, was schon?« Andy brummelte. Anscheinend störte ihn Simones Fragerei. Sie merkte es zuerst noch nicht.

»Habt ihr mehr gemacht als nur Rumfummeln und Küssen?«

Es war so, als wäre Andy in Wirklichkeit weit weg, obwohl er hier vor ihr im Gras lag.

»Oh Mann, was du alles fragst!« Er richtete sich auf und drückte die Kippe im Gras aus. Dort ließ er sie achtlos liegen.

»Willst du nicht drüber reden?«

Andy stand vom Boden auf, klopfte sich ein paar Erdspuren von der Hose. »Ich sag dir doch, ich bin zu!«

Zum ersten Mal hatte Simone das Gefühl, dass Andy sich von ihr entfernte. Es machte sie traurig.

6 Eine Notiz aus Andys Zettelkasten

High ist wie Himmel + Hölle.
Die Erde = nüchtern.
Das Leben langweilig.
Die Langeweile beschissen.

7

Vier Wochen vor den Sommerferien waren Simone und Tobias nachmittags im Kino in der Schildergasse gewesen. Anschließend bummelten sie noch herum, ehe sie gegen sieben die U-Bahn nach Hause nehmen wollten.

Sie waren beide gut drauf. Der Film war okay gewesen, außerdem hatten sie die Dunkelheit im Kino genutzt, ungestört zu schmusen und zu fummeln. Simone hatte den linken Arm um Tobias' Taille gelegt. Tobias ließ lässig seine rechte Hand von Simones Schulter baumeln.

An der Treppe zum U-Bahn-Steig lungerte eine Gruppe junger Leute herum. Tobias wollte zeigen, dass er Bescheid wusste. »Junkies«, erklärte er Simone, »falls du weißt, was das ist. Ziemlich miese Typen, wenn du mich fragst.«

Im selben Augenblick entdeckte Simone Natalie. Sie saß auf den Steinfliesen, den Rücken gegen das Treppengeländer gelehnt.

Die schönen roten Haare waren zerzaust. Sie sah verzweifelt aus. Simone löste die Umarmung mit Tobias und rannte zu Natalie.

»He, Mone!«, rief Tobias hinter ihr her.

Simone hatte Natalie schon erreicht. Sie starrte teilnahmslos vor sich hin.

»Natalie, was ist denn los mit dir?«

Trapper *nordamerikanischer Pelztierjäger*

Andy war nirgendwo zu sehen. Ein Junkie in Trapperjacke kicherte. »Was soll schon mit ihr los sein? Sie hat sich zugeknallt. Siehst du doch!«

Simone ging neben Natalie in die Hocke. Sie bemerkte nicht, dass Tobias zwar hinter ihr hergetrottet war, nun aber in respektvollem Abstand stehen blieb und sie verwundert und verständnislos beobachtete.

Sie strich Natalie Haarsträhnen aus dem Gesicht und kam sich auf einmal viel älter vor.

»Ist irgendwas schiefgelaufen? Wo ist Andy?«

»Andy?« Erst jetzt schien Natalie zu begreifen, wer da mit ihr sprach und sich um sie kümmerte. »Wo soll er schon sein? Bei Elektro-Neuber auf der Arbeit.«

»Es ist sieben Uhr, Natalie. Da hat Elektro-Neuber zu.« Simone redete wie zu einem Kind. Natalie schüttelte hartnäckig den Kopf. »Kann nicht sein. Schon sieben?«

Mit einer ruppigen Kopfbewegung wehrte sie Simones Hand ab und versuchte, auf die Beine zu kommen. Sie hangelte sich schwerfällig am Geländer hoch.

Als Simone ihr helfen wollte, wurde Natalie unerwartet ausfällig. »Mann, hau ab! Ich kann das allein!«

Der in der Trapperjacke kommentierte: »Die ist doch zu. Die lass man in Ruhe!«

So wie es aussah, konnte sie für Natalie nicht viel tun. Sie verstand das nicht. Verstört zog sie sich zurück.

Tobias wollte natürlich wissen, woher sie Natalie kann-te.

»Ach, nur so.« Simone wich aus.

»Ein Alki«, sagte er, »wenn du mich fragst, oder ein Jun-kie. Auf jeden Fall ziemlich bescheuert.« Simone schwieg.

Abends nach neun rief sie in der WG an. Sie hatte Glück, Andy meldete sich. »Ist Natalie inzwischen wieder zu Hause?«, erkundigte sich Simone.

Andys Stimme am anderen Ende der Leitung klang be-drückt und ziemlich traurig. Natalie war vor einer halben Stunde heimgekommen.

Simone erzählte dem Bruder von ihrer Begegnung.

»Was ist los mit ihr?«

Es entstand eine lange Gesprächspause.

»He, Andy, bist du noch dran?«

»Sie ist abgestürzt«, antwortete Andy und hängte ein.

8

Aus Andys Zettelkasten:

> **Natalie hat sich verändert.**
> **Wir haben Streit.**
> **Ich soll sie in Ruhe lassen.**

9

Am nächsten Sonntag tauchte Andy zum Mittagessen auf, ohne eingeladen worden zu sein.

Überrascht und eilig legte die Mutter ein Gedeck für ihn auf.

Andy war nervös, fahrig und unruhig. Er schaufelte das Essen in sich hinein und schien die Schweigsamkeit des Vaters gar nicht zu bemerken. Simone sah, wie der Vater Andy argwöhnisch beobachtete.

Die Mutter erkundigte sich besorgt, ob Andy auch täglich genügend essen würde.

Nach dem Essen zogen sich die Eltern wie üblich auf die Terrasse zurück. Andy und Simone gingen zur Schaukel. Diesmal setzte sich Andy aufs Schaukelbrett und wippte gereizt auf und ab.

Simone musste nicht lange warten, bis er mit der Sprache herausrückte. »Ich würde dich nicht so drängen«, sagte Andy, »wenn's nicht echt dringend wär. Ich brauche Geld!« Er zupfte sich am Ohrläppchen und vermied es, Simone anzusehen. »Wir wollen mal wegfahren, jetzt, wo ich meinen ersten Urlaub kriege.«

»Toll! Wo fahrt ihr denn hin?«

»Weiß noch nicht. Vielleicht Spanien. Natalie hat da irgendwelche Freunde. Aber ohne Kohle wird nichts draus.«

»Wieso? Ich denke, Natalie und Mucki haben einen Auftrag, der 'ne Menge einbringt?«

Andy stellt das Wippen ein. Jetzt scharrte er mit dem linken Fuß in der Grasnarbe unter der Schaukel. »Hat sich was mit dem Auftrag – der Typ, der ihr das vermittelt hat, ist mit der Kohle durchgebrannt. Sie kriegt keine müde Mark.«

Das war es also! Deshalb war Natalie kürzlich so verzweifelt gewesen. Kein Wunder, wenn die Arbeit getan ist und dann einer mit dem Geld abhaut.

»Das war also der Grund, warum sie abgestürzt ist?«

Andy warf Simone einen schnellen, misstrauischen Blick zu. Danach setzte er sein Pokerface auf. Anscheinend hatte er keine Lust, über Natalies Absturz zu reden.

Pokerface *unbewegter, gleichgültiger Gesichtsausdruck*

»Spanien ist teuer«, sagte er, »und dann haben wir auch noch einen Herd für die Küche anschaffen müssen. Der alte ist total zusammengebrochen. Und bei Selim klappt es im Augenblick auch nicht so.« Er sprach jetzt hastig und überstürzt. »Also, es geht wirklich nicht ohne. Ich will ja auch gar nicht, dass du mir was von deinem Taschengeld abgibst. Ich hab selbst Kohle. Ich muss nur rankommen, und dabei kannst du mir helfen.«

»Und wie?«

»Mein Sparbuch! Es liegt im Wohnzimmerschrank, in der zweiten Schublade von oben. Der Schlüssel vom Schlafzimmerschrank der Eltern passt rein.«

Simone erschrak.

Plötzlich wusste sie sehr genau, was Andy von ihr wollte.

»Nein, das geht doch nicht! – Das ist wie Klauen!« Sie sträubte sich.

»Es ist nicht geklaut.«

Andy zählte noch einmal auf, warum er Geld brauchte: Natalies Pech, der Herd, Selim, das teure Spanien.

Das alles klang logisch. Daran schien nichts verkehrt zu sein.

»Sieh mal, Kolumbus, ich nehme doch niemandem etwas weg. Auf dem Sparbuch liegt *mein* Geld.«

Eigentlich hatte er recht. Er hatte dieses Geld gespart. Es gehörte ihm. Der Vater hielt es nur unter Verschluss – eben in dieser Schublade, in der er auch Simones Sparbuch verwahrte.

Aber warum brauchte er ihre Hilfe?

»Warum holst du es dir nicht selbst?«, fragte Simone und fing an, wahllos Grashalme auszureißen. Sie hatte das Gefühl, irgendetwas stimmte an der Sache nicht, auch wenn alles so logisch klang.

»Sieh mal, ich bin doch nur noch zu Besuch da. Ich glaube, die Alten würden es ziemlich seltsam finden, wenn ich jetzt rauf in ihr Schlafzimmer ginge. Das musst du doch zugeben, oder nicht, Kolumbus?«

»Du meinst, du bist hier nicht mehr so zu Hause wie früher? Eher so was wie ein Fremder?«

»Exakt das meine ich. Was ist, hilfst du mir? Oder lässt du mich im Stich?«

Simone gab sich geschlagen. Aber sie fühlte sich ziemlich mies dabei. Sie besorgte ihm das Sparbuch. Es waren zweitausend Mark darauf.

10

Simone sitzt in Andys Zimmer vor dem geöffneten Schuhkarton und weiß heute, was sie damals nicht wissen konnte: An diesem Sonntag hatte Andy bereits eine beschissene, hundeelende Angst um Natalie.

Sie fischt einen seiner Zettel aus der Schachtel:

> **Angst.**
>
> **Angst, Natalie lässt mich fallen.**
>
> **Aber dann, wenn sie genügend Zobel hat, ist es fast wieder wie früher. Sie hat versprochen, von der Nadel wegzubleiben.**

Teil 4

1

Sie sah Andy erst Mitte September wieder.

Nach vierzehn Tagen Kreta-Urlaub mit den Eltern verbrachte Simone den Rest der Ferien im Schwimmbad.

Dort traf sie sich mit Tobias und dessen Freund, dem dicken Moritz, mit dem kein Mädchen gehen wollte, weil er so unheimlich fett war, und mit Katrin und Thomas.

Thomas kam im Herbst in die Neunte und war seit Anfang Juli mit Katrin zusammen.

Im Schwimmbad hatten sie einen festen Platz auf der Tribüne. Der Überblick von dort oben war total.

Gelegentlich kamen andere aus der Achten oder Neunten dazu.

Das ergab sich einfach so, oder es ergab sich nicht. Je nach Lust und Laune.

Sie dösten in der Sonne, die Pärchen schmusten, spielten zusammen Karten oder lästerten einfach nur über Lehrer, Eltern und andere Pärchen.

Wurde die Sonne zu heiß, stürzten sie sich lautstark ins Schwimmbecken. Dann flüchteten ältere Damen mit Badekappen an den Rand des Beckens und empörten sich.

Einmal zog Tobias Simone unter Wasser. Als sie prustend wieder auftauchten, stießen sie mit dem mächtigen Busen einer stattlichen Endfünfzigerin zusammen.

Tobias schluckte vor Schreck einen halben Liter Chlorwasser. Simone kicherte und tauchte schnell wieder weg. Tobias kam nach, und sie dümpelten am gegenüberliegenden Beckenrand vor sich hin.

»Warum tun die sich das an?«, sinnierte er, »die wissen doch, dass das Bad in den Ferien uns gehört!«

Simone hatte Tobias' Kommentar über die miesen Typen in der U-Bahn-Station schon vergessen. Sie fand ihn einfach süß, egal, was er sagte.

»Wenn du mich fragst, sollte Leuten über zwanzig die Benutzung des Freibads in den Ferien verboten sein!«

»Wie wär's mit einer Eingabe beim Bäderamt?«, schlug Simone vor.

»Bäderamt?«, fragte Tobias gespielt verächtlich zurück, »ich geh gleich zur höchsten Stelle – wie wär's mit unserem Kanzler? Der ist wenigstens nicht so blöd, hier rumzuplanschen, wenn wir da sind!«

Sie lachten und prusteten, kletterten aus dem Becken und sprangen als Wasserbomben vom Einmeterbrett.

Gelegentlich begegnete Simone auch Michi und Anna im Schwimmbad. Sie ging ihnen aus dem Weg, und die beiden machten auch keine Anstalten, sie nach Andy zu fragen. Michi hatte im Juli das Abitur bestanden und würde sicher auf die Uni gehen.

2

Ende August fing die Schule wieder an.

Simone kam in die Achte.

Andys Urlaub war ungefähr zur gleichen Zeit zu Ende. Simone wunderte sich zwar, dass er die ersten vierzehn Tage im September nichts von sich hören ließ, war dann aber selbst so mit Schulanfang, neuen Lehrern und allem, was dazugehört, beschäftigt, dass sie es nicht schaffte, mal in der WG vorbeizuschauen.

Der Anstoß dazu kam von der Mutter. Es war ein Donnerstag, daran erinnert sich Simone, weil sie seit Anfang September jeden Donnerstagnachmittag zum Jazz Dance ging. Das hatte sie sich gewünscht, und die Eltern hatten es endlich erlaubt.

Simone räumte an diesem Abend das Geschirr in die Spülmaschine. Der Vater saß vor dem Fernseher. Die Mutter eigentlich auch. Wenigstens so lange, bis sie unerwarteterweise in der Küche auftauchte.

»Ist was?«, erkundigte sich Simone.

»Nun ja –«, die Mutter druckste herum. »Herr Neuber hat heute im Geschäft angerufen –«

Simone dosierte das Spülmittel, klappte den Geschirrspüler zu und stellte das Programm ein.

»Und?«

»Er hat sich beschwert. Andy trödelt bei der Arbeit und schlampt. Gestern hat er einen ganzen Karton Taschenrechner im Lager irgendwohin geräumt und findet ihn nicht mehr.« Die Mutter wirkte ratlos. »Ich will nicht, dass es wieder Ärger gibt. – Könntest du nicht mal bei Andy vorbeigehen? Ich meine – ohne dass dein Vater davon erfährt? Er muss sich ja nur ein bisschen Mühe geben, jetzt, im zweiten Lehrjahr.«

Simone sagte überrascht zu.

Es war noch hell, als sie zur WG radelte. Unten vor der Haustür stand ein Kleinlaster mit türkischem Kennzeichen. Das musste einer von den Transportern sein, die Selim fuhr.

Simone schloss das Mountainbike sorgfältig ab und stieg die vier Stockwerke zur Dachwohnung hinauf. Natalie öffnete auf ihr Klingeln. Sie sah blass und mager aus.

»Ach – du bist es!« Natalie versuchte ein Lächeln. Anscheinend hatte sie jemand anderen erwartet.

Simone sagte freundlich »Hallo!«, und wollte eintreten. Natalie hielt sie zurück. »Das geht jetzt nicht. Warte hier. Ich hole Andy. Aber er hat auch nur zwei Minuten Zeit, okay?« Sie verschwand in der Wohnung.

Während sie auf Andy im Treppenhaus wartete, hörte Simone Männerstimmen aus der WG. Sie sprachen wohl Türkisch.

Dann kam Andy zur Tür.

»Hallo!«, begrüßte sie ihn, »ich wollte nur mal auf einen Sprung vorbeischauen. Wie war's denn so in Spanien? Du warst ja zu faul, mal 'ne Karte zu schreiben! Hast du meine aus Kreta bekommen?«

Andy schüttelte den Kopf. »Das geht jetzt nicht«, sagte er hastig und verlegen, »besser, du haust gleich wieder ab!«

Simone hatte das bestimmte Gefühl, zur falschen Zeit am falschen Ort zu sein. Sie fand es auch seltsam, dass Andy blass und übernächtigt aussah. Nach vier Wochen Spanien hätten er und Natalie eigentlich fit sein müssen.

Er setzte sein übliches Pokerface auf. Irgendwas war im Busch.

»Ich muss aber mit dir reden!« Simone blieb hartnäckig. »Mama schickt mich –«

Sie wurde von Natalie unterbrochen. Sie rief von drinnen: »Was ist? Ist sie immer noch da?«

Das hörte sich verdammt abweisend an. Andys Pokerface brach zusammen. Er wurde wieder einmal hektisch. »Nur 'ne Sekunde noch!«, rief er zurück.

Simone protestierte. »Der Neuber hat im Geschäft angerufen und sich über dich beschwert. Das soll ich dir ausrichten – Mama sagt, es wird Ärger geben, wenn du dich nicht zusammenreißt.«

Andy nickte, fuhr sich nervös mit einer Hand durchs Haar. »Okay, okay«, sagte er und lächelte ein wenig schief, »du hast doch gehört, Natalie ruft mich. Lass uns ein andermal reden.«

Was war nur mit ihm los? Hatte er etwa Angst vor Natalie? Er konnte sie doch nicht einfach vor der Tür abfertigen, nur weil Natalie verrückt spielte?

Simone wich keinen Zentimeter. »Hör mal, Andy –«

Er ließ sie nicht ausreden. »Es geht wirklich nicht. Wir haben wichtige Leute da drin. Und du kannst einfach nicht rein. Natalie würde mir das nie verzeihen!«

Jetzt entdeckte sie tatsächlich so etwas wie Angst in seinen Augen.

Er tat ihr leid. »Na gut –« Mehr sagte sie nicht. Sie sah noch, dass Andy ein unglückliches Gesicht machte, dann drehte sie sich um und lief die Treppe hinunter.

Sie war enttäuscht.

Soweit sie zurückdenken konnte, hatten Andy und sie immer zusammengehalten, gegen alles und gegen jeden. Gemeinsam waren sie stark gewesen. Und nun?

Auf einmal drängte sich eine andere dazwischen.

Auf einmal war Andy feige, hielt nicht mehr zu ihr, hatte irgendwelche türkischen Geheimnisse und gehorchte Natalie. Die musste nur rufen, schon ließ er sie im Regen stehen.

An diesem Abend haute sich Simone vor die Glotze und zog sich zwei Krimis rein, ehe sie bereit war, schlafen zu gehen.

Sie nahm sich vor zu warten, bis Andy von sich hören ließ. Er sollte den ersten Schritt tun.

3

An einem Nachmittag, den sie allein über den Hausaufgaben daheim verbrachte, klingelte das Telefon. Es war Andy.

Simone reagierte zurückhaltend. »Was ist?«

»Kann ich mal schnell auf ’n Sprung vorbeikommen?«

»Jetzt? Du musst doch bis Ladenschluss arbeiten?«

»Heute ist Berufsschule.«

Er musste von der Telefonzelle an der Ecke telefoniert

haben. Fünf Minuten später stand er schon vor der Haustür. Simone ließ ihn herein.

Sie bemühte sich, cool und unbeteiligt zu wirken. Natürlich freute sie sich, ihn zu sehen. Sie hatten sich schon eine Ewigkeit nicht mehr unter vier Augen gesprochen. Seit er sich in sein eigenes Leben abgeseilt hatte, entfernte sich Andy immer weiter von ihr. Schritt für Schritt.

Am liebsten wäre sie ihm jetzt einfach um den Hals gefallen. So wie früher.

Aber sie hielt sich zurück. Sie dachte an ihre Enttäuschung und bemühte sich, weiterhin sauer zu sein.

»Gehn wir nach oben?«, fragte Andy.

Wieder einmal waren seine Bewegungen hastig, fahrig und nervös. Er stieß gegen den Schuhschrank.

»Nun fall bloß nicht drüber«, spöttelte Simone, »bist du etwa blau?«

»Quatsch – im Gegenteil.«

Sie gingen in den ersten Stock hinauf. Andy verschwand eilig im Bad. »Bin gleich zurück.«

Als er wieder herauskam, wirkte er ruhiger.

Die Tür zu seinem Zimmer stand offen. Andy warf einen Blick hinein. Alles war an seinem Platz. Alles tipptopp aufgeräumt. Er hätte jederzeit wieder einziehen können.

Simone beobachtete, wie er kaum merklich den Kopf schüttelte, so, als würde er zu sich selbst sagen: Das ist vorbei. Das ist nichts mehr für mich.

»Gehn wir in dein Zimmer?«, fragte er.

Eine Zeit lang war er in ihrem Zimmer damit beschäftigt, die neuen Poster zu begutachten, die Simone in den vergangenen Monaten aufgehängt hatte. Übers Bett hatte sie zwei Fußballposter gepinnt.

»Geht's dir gut?«, erkundigte er sich. »Das von neulich tut mir echt leid. Ich saß irgendwie zwischen zwei Stühlen.« Er lächelte. Eine Viertelstunde, nachdem er im Bad gewesen war, wirkte nichts mehr an ihm hektisch, nervös oder fahrig.

Simone kam es auf einmal so vor, als hätte sie es mit drei verschiedenen Andys zu tun: dem Andy, der »zu« ist, wenn er zu viel gekifft hat, dem anderen Andy, der gehetzt und nervös wirkt, und mit dem Andy, der jetzt vor ihr stand, der ganz ruhig und lieb war.

Sie musste nun auch nicht mehr sauer sein. Er hatte den ersten Schritt getan und sich entschuldigt.

»Soll ich uns 'ne Cola raufholen?«

Sie brachte nicht nur die Cola. Sie kramte auch Räucherkerzen aus ihrer Schreibtischschublade.

Andy hatte sie bei seinem Auszug nicht mitgenommen, und Simone hatte sie in Sicherheit gebracht, ehe die Mutter aufräumte.

Wie früher setzten sie sich auf den Teppichboden, die Beine gekreuzt. Andys Beine waren gewachsen. Jedenfalls kam es Simone so vor.

Er fragte sie nach der Schule, nach Katrin und Tobias, interessierte sich für ihr Leben, und Simone fühlte sich in seiner Nähe geborgen und aufgehoben.

Es war eben alles so wie früher. Oder: fast wie früher. Denn gelegentlich fragte Andy: »Wie spät ist es?«

Beim ersten Mal erkundigte sich Simone verwundert: »Wo ist deine Uhr?«

Der Vater hatte Andy zum fünfzehnten Geburtstag eine Rolex geschenkt.

»Verloren.«

Es klang ehrlich, und sie glaubte ihm.

Nach gut zwei Stunden wurde Andy wieder unruhig und zupfte sich unentwegt am Ohrläppchen.

»Was hast du – stimmt irgendwas nicht?«

Andy druckste herum, wie es seine Art war. »Ich werd dann wohl mal losziehen«, sagte er, zögerte und fügte hinzu: »Ich nehme meinen CD-Player mit.«

»Deinen CD-Player?«

Andy wich ihrem Blick aus.

»Na ja – er gehört ja dir«, meinte Simone, kam sich großzügig vor und hatte Herzklopfen bei dem Gedanken, der Vater könnte eines Tages doch entdecken, dass Andys Sparbuch in der Schublade fehlte.

Sie sah, wie Andy schluckte. Sein Adamsapfel bewegte sich heftig.

»Ich glaube, ich muss dir was sagen«, er starrte vor sich auf den Boden und begann mit dem Zeigefinger Linien in den braunen Velours zu ziehen. »Aber du musst mir versprechen, dass du es für dich behältst!«

»Du weißt doch, dass du dich auf mich verlassen kannst!«

Andy lächelte. Aber sein Lächeln sah irgendwie traurig aus. »Ich weiß: hundertfünfzigprozentig!«

»Soll ich wieder mal Cannabis im Blumentopf für euch aufbewahren?«

Andy schüttelte den Kopf. »Kinderkram«, sagte er leise.

Dann gab er sich einen Ruck. »Was ich dir jetzt erzähle, dürftest du eigentlich nicht wissen. Aber irgendwem muss ich's sagen. Es frisst mich sonst auf. – Natalie ist krank. Wir brauchen viel Geld. Sie sagt, ich soll dealen. Aber ich hab Angst davor. Wenn sie mich erwischen, geh ich in den Knast, verstehst du? Ich hab eine Scheißangst. Deshalb verkauf ich lieber den CD-Player. Aber: großes Ehrenwort! Du sagst niemandem etwas davon?«

Simone hörte mit angehaltenem Atem zu.

»Niemandem! Ich schwöre!«, sagte sie und hob die rechte Hand.

»Da ist noch etwas«, Andy zögerte, »ich werde in nächster Zeit noch mehr von meinen Sachen verkaufen müssen, und ich will dich nicht belasten damit – das heißt, ich will nicht, dass du da noch mehr reingezogen wirst. Deshalb wollte ich dich fragen –«, er fummelte wieder am Ohrläppchen, »ich wollte dich fragen, ob du mir deinen Hausschlüssel gibst? Die Alten haben mir meinen ja abgenommen. Du sagst einfach, du hättest deinen verloren. Das könnte doch hinhauen, oder?«

Die Gegenstände in seinem Zimmer gehörten ihm.

Die Eltern würden kaum etwas bemerken. Der Vater ging gar nicht und die Mutter nur selten in Andys Zimmer. Simone musste nur darauf achten, dass die Tür ständig geschlossen blieb.

Wenn sie ihm ihren Schlüssel aushändigte, bewahrte sie Andy davor, zum Dealer zu werden.

So sah sie die Dinge damals.

»Ist Natalie schlimm krank?«

»Sehr schlimm«, bestätigte Andy.

»Könnte sie daran sterben?«

»Könnte sie.«

Keine Frage, dass sie ihm ihren Schlüssel überließ.

Den CD-Player im Arm, gab er ihr an der Haustür einen Kuss auf die Stirn. »Pass auf dich auf, Kleines!«, sagte er.

Es gab Simone einen Stich. Warum sagte er »Kleines« zu ihr? Dieser Nachmittag war doch so schön gewesen!

4 Hätte sie ihm damals geholfen, wenn sie ihm den Hausschlüssel nicht gegeben hätte?

Nachdenklich zieht Simone eine Notiz aus Andys Zettelkasten:

> **Klar! So könnte ich denken: Das, was ich mache, ist wie SOS morsen. Bloß: Was nützt mein SOS, wenn weit und breit kein Rettungsschiff schwimmt?**

»Scheiße«, sagt Simone zu sich selbst: »Wenn ich damals nur die leiseste Ahnung gehabt hätte, was da ablief!«

5 Am ersten Adventswochenende gab Katrin eine Party. Ihre Eltern waren übers Wochenende verreist. Katrin und Simone hatten den ganzen Tag mit Vorbereitungen zugebracht. Sie waren für Essbares zuständig. Tobias brachte einen Kasten Cola mit, Moritz sechs Flaschen Limo und eine Flasche Tabasco-Soße. »Limo mit Tabasco schmeckt wie Feuerwehr – echt geil!« Nur Katrins Freund Thomas, er war schon fünfzehn, schleppte zwei Sixpacks Bierdosen an und meinte: »Also, wir sind doch keine Babys mehr!«

Tabasco-Soße *sehr scharfe Soße zum Würzen aus Chilischoten, Essig, Salz*

Die ersten zwei Stunden lief alles bestens. Die Wohnung wurde zur Disko umfunktioniert. Die beiden Pärchen tanzten. Moritz stopfte ein Kilo Kartoffelsalat und vier Bockwürste in sich hinein und mischte in jedes Getränk drei Tropfen Tabasco. Er mimte den Barkeeper von Welt.

Irgendwann öffnete Thomas die erste Bierdose und machte den anderen vor, wie sich so eine Dose auf einen Ansatz leeren lässt.

Tobias forderte daraufhin den Barkeeper Moritz auf: »Wirf mal ’ne Dose rüber!«

Die Dose segelte quer durchs Wohnzimmer. Tobias fing sie geschickt auf. »Seht her!« Die Metalllasche zischte, als Tobias sie hochzog. Er setzte an und schluckte und bewies als Erster, dass er mit seinen vierzehn auch kein Baby mehr war.

»He! Du kleckerst ja!«, protestierte Katrin. Tatsächlich lief ein Teil des Biers über Tobias’ Kinn, zuerst auf sein T-Shirt, dann auch auf den Teppich. »Mensch, pass doch auf! Wenn das Flecken gibt, machen meine Eltern Zoff!«

Nachdem Tobias die Dose geleert hatte, grinste er. »Warum tun sie sich das an?«

»Wer tut sich was an?«

»Deine Alten! Wenn du mich fragst, dann sollten Teppiche im Wohnzimmer verboten sein!«

Selbstverständlich musste auch der dicke Moritz sein Können unter Beweis stellen. Er schaffte es sogar ohne zu kleckern. Irgendwann tranken auch Katrin und Simone Dosenbier. Und irgendwann krachte eine Dose, die der Barkeeper durchs Wohnzimmer segeln ließ, in die Glastür des Barschranks.

Glas splitterte. Die Stimmung erstarrte. Katrin bekam es mit der Angst zu tun. »Ihr Blödaffen!«, brüllte sie hysterisch, »ich hab doch gesagt, ihr sollt aufpassen!

»Zuerst räumen wir mal das Glas weg«, schlug Moritz vor. Simone holte Besen, Schaufel und Mülleimer. Katrin jammerte: »Wie soll ich das bloß meinen Eltern beibringen?«

Tobias fragte: »Gibt's in diesem Haushalt so was wie Verhüterli für die Finger?«

Es gab sie. Katrins Mutter verrichtete keine Küchenarbeit ohne die Gummihandschuhe. Tobias zog sie sich über, und die anderen staunten, mit welchem Geschick er die spitzen Glasscherben, die nicht zu Boden gefallen waren, aus dem Rahmen der Schranktür löste.

Thomas hatte schließlich den rettenden Einfall. »Ich könnte Rudi fragen, ob er morgen 'ne neue Scheibe einsetzt.«

»Wer ist Rudi?«

»Einer von den Leuten, die für meinen Vater auf dem Bau arbeiten. Er ist Glaser.

Katrin hörte endlich auf zu jammern. »Wenn du das schaffst! Das wäre echt Klasse!« Sie küsste Thomas lange und ausdauernd. Moritz wurde rot und guckte weg. Die Stimmung war gerettet.

Wann sie sich über den Eierlikör hermachten, die im unabsichtlich geknackten Barschrank stand, weiß Simone nicht mehr. Sie erinnert sich nur noch, dass sie und Katrin ganz besonders verrückt nach dem Zeug gewesen waren.

Sie entsinnt sich, wie Katrin und Thomas ins Elternschlafzimmer torkelten und unentwegt kicherten. Moritz schnarchte bereits auf der Couch im Wohnzimmer.

Dann wurde Simone auf einmal entsetzlich schwindlig. Die Möbel kamen auf sie zu. Sie setzte sich kurzerhand auf den Teppich. Aber auch der Teppich schaukelte erbärmlich. Sie ließ sich auf den Rücken fallen. Es war schlimmer als Looping fahren. Tobias legte sich neben sie.

Da waren noch der Zungenkuss und Tobias' Hände an ihren Brüsten. Ein angenehmes Gefühl.

Das Letzte, woran sie sich erinnert, ist, dass Tobias neben ihr stöhnte: »Mir ist so schlecht!« Danach muss sie stundenlang geschlafen haben. Wie tot. Sie wachte auf, als es schon hell war. Ihr Kopf dröhnte. Ihr Magen fuhr Karussell.

Dann roch sie Erbrochenes. Tobias schlief auf dem Teppich, den Hinterkopf in der säuerlichen Kotze.

Simone rappelte sich auf und wollte ins Bad. Sie kam nur mühsam vorwärts. Die Beine zitterten.

Simone schaffte es bis zum Bad und übergab sich ins Klo. Ein kühler dünner Schweißfilm überzog ihre Haut am ganzen Körper und ließ sie frieren. Einen Augenblick lang wünschte sich Simone, Andy wäre hier und würde ihr helfen, wie sie ihm damals geholfen hatte, als er besoffen vom »Flash« nach Hause kam und über den Schuhschrank stolperte. Wenn er jetzt zu ihr hielte, wäre alles viel einfacher.

Aber diese Zeit war vorbei. Andy lebte sein eigenes Leben. Und sie selbst wurde nun auch langsam erwachsen.

»Scheiß Eierlikör!«, dachte Simone, ging in die Küche hinüber und setzte die Kaffeemaschine in Gang, obwohl ihr beim Gedanken an Kaffee schon wieder übel wurde.

Am Nachmittag waren Katrin und sie damit beschäftigt, Kotze und Bierflecken aus dem Teppich zu entfernen.

Tobias und Moritz hatten sich, nachdem sie mit Brummschädeln aufgewacht waren, schleunigst auf den Heimweg gemacht. Thomas verbrachte Stunden damit, diesen Glaser aufzutreiben, aber wenigstens das klappte schließlich.

6

Aus Andys Zettelkasten:

Natalie hat mich angelogen!
Die Nadel lag unter ihrem Kopfkissen.
Wir hatten Streit deswegen.
Sie sagt, Türkischer Honig ist besser als Zobel.
Danach war es wieder wie früher.

7

Eine Woche später verschwand Simones Tausend-Mark-Mountainbike.

Simone wusste, dass sie das Rad ordentlich wie immer abgeschlossen in der Garage abgestellt hatte. Sie konnte sich das nicht erklären.

Der Vater war ärgerlich. »Du weißt selbst, dass unser Garagentor elektronisch gesichert ist. Das bricht niemand so schnell auf. Da hätte der Dieb schon durch Wände gehen müssen.«

Er glaubte ihr nicht und beharrte darauf, dass sie das teure Rad entgegen der Absprache draußen vor der Tür geparkt hätte.

Simone konnte das Gegenteil nicht beweisen. Den Rest erledigte die Versicherung.

Nachdem der Ärger überstanden war, dachte Simone nicht mehr darüber nach. Sie hatte andere Sorgen.

Seit der Fete bei Katrin verhielt sich Tobias rätselhaft.

Jedes Mal wenn sie sich fürs Kino verabredeten, musste

er kurzfristig seine Oma besuchen oder zum Arzt oder zum FC-Training.

Nach der dritten geplatzten Verabredung stellte Simone Tobias zur Rede. Sie wollte wissen, was Sache war. »Willst du, dass wir Schluss machen?«

Tobias blockte und schwieg.

»Was ist los? Irgendwas stimmt doch nicht?«

»Was soll los sein? Nur weil ich mal zum Arzt muss oder meine Oma besuche.«

»Feigling!«, schimpfte Simone wütend.

Er zischte sie an: »Zimtzicke! Hau doch ab!«

Es war eine scheußliche Sache.

Tobias ging ihr nun jede Pause aus dem Weg.

Abends im Bett lag Simone lange wach und konnte an nichts anderes als an Tobias denken. In ihrer Fantasie war er wieder süß und lieb wie im Sommer.

Sie kam sich einsam und verlassen vor.

Morgens wachte sie todmüde und zerschlagen auf. In der Schule war sie völlig übernächtigt. In der zweiten Stunde, es war Mathe, döste sie einfach weg. Sie wachte erst auf, als Katrin sie am Ellenbogen rüttelte.

Die Klasse kicherte, und Herr Weismüller, der Mathelehrer mit den Nikotinflecken, erkundigte sich höhnisch: »Hast du gestern zu lange vor der Glotze gesessen?«

»Was ist los mit dir?«, flüsterte Katrin.

In der Pause erzählte Simone ihr die ganze Sache. Sie war einfach fertig. »Ich versteh das nicht! Hat er vielleicht eine andere, und ich bin die Letzte, die's erfährt?«

Katrin hatte den Einfall, Thomas auf Tobias anzusetzen.

Doch Thomas brachte lediglich in Erfahrung, dass Tobias möglicherweise von zu Hause ein Verbot bekommen hatte, sich weiterhin mit Simone, Katrin und Thomas zu treffen. »Wegen der Sauferei neulich. So was hat er angedeutet. Mehr nicht. Sorry.«

Katrin tröstete die Freundin. »Am besten, du vergisst den Typen! Vergiss ihn und schluck heute Abend ein Downie.«

»Downie?«

»Logisch! Alle Mütter haben irgendwo Schlaftabletten. Deine auch. Guck mal nach!«

Simone fand tatsächlich eine Schachtel Schlaftabletten und schluckte eine. Am nächsten Morgen war ihr Kopf wie mit Watte gefüllt und die Füße Bleiklumpen. Das war auch nicht gerade das, was sie brauchte.

Nach vierzehn Tagen, die ihr wie eine Ewigkeit vorkamen, entschloss sie sich zu handeln. So konnte es nicht weitergehen. Sie musste wissen, was Sache war.

Deshalb fing sie Tobias nach dem Training ab.

»Ich will mit dir reden!«

Sie standen sich auf dem Bürgersteig gegenüber. Tobias sah an ihr vorbei und schwenkte seinen Citybag mit dem Trainingsdress hektisch hin und her.

Simone schlug vor, auf ein Eis ins »Venezia« zu gehen.

Tobias hörte auf, den Citybag durch die Landschaft zu schaukeln.

»Ist was kaputt, oder was?«, fragte Simone.

»Kaputt ist gar nichts!« Tobias kickte einen herumliegenden Stein über das Pflaster und stieß trotzig hervor: »Ich will nur nicht mit dir ins ›Venezia‹! Finish!«

Vor Aufregung kippte ihm die Stimme. Er kam wohl in den Stimmbruch. Simone kannte das von Andy.

»Es ist also aus?«, erkundigte sich Simone und wusste nicht, ob sie losheulen oder ihm eine reinhauen sollte. Am liebsten hätte sie beides gleichzeitig getan. Stattdessen versuchte sie Andys Pokerface zu imitieren.

Ganz cool fragte sie: »Darf man fragen, warum? Hast du eine andere?«

»Und wenn schon? Geht dich doch einen feuchten Matsch an!«

Simone war wütend. Nein. Das war keine Wut mehr. Das war Hass. Auf einmal hasste sie Tobias.

»Moment mal«, sagte sie eisig, »so nicht! Nicht mit mir, du mieser kleiner Dauerwellenfeigling! Ich weiß genau, dass deine Eltern dir verboten haben, dich mit mir zu treffen, wegen der Sauferei bei Katrin! Lass dir eins sagen, deine Eltern sind ganz schön bescheuert, wenn sie glauben, einmal Eierlikör macht schon einen Säufer!«

Das tat gut!

Es tat richtig gut, den blanken Hass rauszulassen.

Tobias starrte sie mit weit aufgerissenen Augen an. Simone triumphierte. Aber nur für einen Augenblick.

Tobias grinste auf einmal ziemlich gemein. Ganz leise sagte er: »Wenn du mich fragst, dann passt du einfach nicht zu mir. Du bist schließlich die Schwester von dem, der als Dealer von der Schule geflogen ist!«

Ehe Simone antworten konnte, startete der Poppertyp im Rauschgoldengel-Look durch und rannte einfach los.

»He!«, brüllte Simone. Sie explodierte vor Wut und Hass. Keine Spur von Tränen! Kein Pokerface mehr! »Na, warte, du Arschloch!«

Schon an der nächsten Straßenecke hatte sie ihn eingeholt, bekam sein Sweatshirt zwischen die Finger, hielt ihn daran fest und schlug ihm so heftig ins Gesicht, dass ihre Handfläche noch eine halbe Stunde später brannte.

Tobias schlug zurück. Damit waren sie geschiedene Leute.

8

Irgendwie schaffte es Simone, über die Sache hinwegzukommen. Eine Zeit lang war sie entsetzlich neidisch auf Katrin, weil sie mit Thomas zusammen war.

Einmal auch auf Anna, die kurz vor den Weihnachtsferien einen neuen Freund hatte. Einen Typen, der mindestens zwanzig war und sie nach der Schule regelmäßig abholte.

Zur Ablenkung schickten die Eltern Simone in den Weihnachtsferien zum Skilaufen nach Bayern.

Dort vergaß sie Tobias und schwärmte für einen Skilehrer. Er trug wie Andy ein schmales Oberlippenbärtchen und die Haare schwungvoll nach rechts über die Stirn geföhnt.

Immer wenn es galt, eine besonders steile Abfahrt zu nehmen, verteilte er Obstler an die Jungen und Mädchen. Der Schnaps brannte in der Kehle und blubberte heiß im Magen.

Aber alle schafften damit die Abfahrt ganz locker.

Nur den Skilehrer schafften die Mädchen nicht. Er hieß Peter und behauptete, er stünde nur auf Sechzehnjährige.

Da hatte Simone mit ihren dreizehndreiviertel Jahren keine Chance.

Als sie wieder zu Hause war, kam die Mutter eines Abends in ihr Zimmer und setzte sich aufs Bett. Das hatte sie lange nicht mehr getan.

»Ist was?«, erkundigte sich Simone und betrachtete die kleinen pummeligen Hände der Mutter, die sie im Schoß hielt.

»Es ist wegen Andreas – ich weiß nicht, ob du schon in seinem Zimmer warst? Zuerst fehlte der CD-Player, dann andere Sachen und seit gestern die Briefmarkensammlung von Opa. Sie ist ziemlich viel wert.«

Simones Herz klopfte. Aber sie sagte nichts. »Er muss

immer wieder ohne unser Wissen im Haus gewesen sein.« Die Mutter suchte Simones Blick. Simone wich aus.

»Nun gut, ich will dich nicht in Schwierigkeiten bringen. Du hast damals deine Schlüssel verloren und dafür neue bekommen – auch für die Garage –«. Sie machte eine Pause, als dächte sie nach. In Wirklichkeit, das wusste Simone, stand ihr Schweigen als ein unausgesprochener Vorwurf im Raum.

Sie protestierte: »Mein Rad hat er bestimmt nicht geklaut! Andy beklaut mich doch nicht! So was tut er nicht!« Jetzt konnte sie dem Blick der Mutter standhalten. Sie glaubte an das, was sie sagte. Damals war es für Simone die Wahrheit. Heute weiß Simone, dass sie blind und kindisch war.

Aber auch die Mutter war blind. Oder machte sie nur die Augen zu und wollte nicht sehen, was bereits sichtbar wurde?

Hatte sie Angst vor der Wirklichkeit? Angst vor Andys Unglück, in das er hineingeraten war?

Einige Tage später schob sie, unbemerkt vom Vater, Simone einen Briefumschlag mit dreihundert Mark für Andy zu. »Damit er keinen Blödsinn macht, wenn er Geld braucht.«

9

Jeden von uns trifft ein Stück Schuld, denkt Simone traurig, während sie Andys Leben in den vergangenen drei Jahren wie ein Puzzle zusammensetzt.

Auf einem seiner Zettel hat er notiert:

Sie sind blind und taub! Ich könnte schreien und um mich schlagen, und sie würden nichts bemerken!

10

Fünf Wochen später waren aus Simones Zimmer der CD-Player, der Kassettenrekorder, das Transistorradio und das Schmuckkästchen mit Goldkettchen und Ohrringen verschwunden. Diesmal begriff Simone. Das konnte nur Andy getan haben.

Sie war wütend. Das war einfach nicht fair! Er brachte sie in Schwierigkeiten. Wie sollte sie das bloß den Eltern erklären? Am Ende würde der Vater auch noch das Fehlen des Sparbuchs entdecken! Sie fuhr zur WG und klingelte Sturm.

Wieder einmal öffnete Natalie. »He, Kleines! Was willst *du* denn hier?« Sie sprach sehr langsam, so, als hätte sie Mühe, überhaupt irgendetwas zu sagen. Ihr Blick war apathisch.

»Ich will Andy sprechen!«

Es war vier Uhr nachmittags, und Natalie sah aus, als wäre sie gerade aus dem Bett gekrochen. Sie kicherte ohne ersichtlichen Grund. »Das geht jetzt nicht. Komm später wieder.« Natalie machte Anstalten, Simone die Tür vor der Nase zuzuknallen.

Irgendwie hatte Simone damit gerechnet. Energisch klemmte sie den Fuß in die Tür und stemmte sich mit dem Oberkörper dagegen. Sie musste gar nicht viel Kraft aufwenden. Natalie, die einen Kopf größer und bestimmt stärker war, ließ sich leicht aus dem Weg drücken. Die Tür flog auf, und Natalie taumelte gegen die Wand im Flur. Simone stürmte an ihr vorbei. Sie fand Andy auf der Matratze in Natalies Zimmer. Er lag dort auf dem Rücken, den Kopf zur Seite gewandt. Außer einer Unterhose hatte er nichts am Leib.

Simone entdeckte sofort ihre Geräte. Die hatte er aus *ihrem* Zimmer abgeschleppt. Alles andere war im Augenblick egal. Sie hatte nur noch Wut im Bauch.

»Sag mal, spinnst du, oder was?« Simone brüllte den großen Bruder an. Er lag regungslos auf der Matratze. »Du kannst mich doch nicht beklauen! Wo sind wir denn?«

Andy wandte nicht einmal den Kopf.

»Du bist ja total bescheuert!«, brüllte Simone.

»Tu dir keinen Zwang an! Brüll nur!« Natalie lehnte im Türrahmen. »Du kannst brüllen, so viel du willst, Kleines. Es ist sinnlos.«

Sinnlos?

Andy lag noch immer auf der Matratze und rührte sich nicht.

Was war mit Andy passiert? War er bewusstlos?

Der Schreck durchfuhr Simone wie ein elektrischer Schlag: Oder war er tot? Noch nie in ihrem Leben hatte Simone so viel Angst gehabt. Die Angst saß wie eine kleine harte Faust in ihrem Magen. Mit einem Sprung erreichte sie die Matratze und griff nach seiner Hand. Sie war eiskalt.

Aber er atmete. Seine Brust bewegte sich leicht

Sie presste ein Ohr an seine Rippen. Das Herz schlug.

Natalie beobachtete sie, die Arme vor der Brust verschränkt. »Was regst du dich auf? In zwei Stunden ist er wieder akut vorhanden. Er pennt doch nur! Er hat zu viel Türkischen Honig erwischt.« Türkischer Honig? Den kannte Simone nur als das süße klebrige Zeugs, das auf Jahrmärkten verkauft wird. »Wieso Türkischer Honig?«

Natalie lachte schrill. »Oh Mann, Kid! Bist du so naiv, oder ziehst du nur 'ne Schau ab? Heroin, Schätzchen, gutes hochprozentiges Heroin aus der Türkei. Nie davon gehört? Mensch, in deinem Alter war ich aber schon weiter!«

In diesem Augenblick erging es Simone mit Natalie, wie es ihr wenige Wochen zuvor mit Tobias ergangen war.

Sie begann Natalie zu hassen.

Das war es also! Andy kiffte nicht mehr. Aus dem Gelegenheitskiffer war ein Junkie geworden. Einer von denen, über die beinahe täglich in der Zeitung steht, dass sie tot aufgefunden werden: in Bahnhofsklos, U-Bahn-Schächten, im Park oder in ihren Wohnungen auf einer Matratze.

So schnell konnte das passieren – so einfach? Simone erinnerte sich, dass Andy als Kind panische Angst vor Spritzen gehabt hatte. Wie hatte Natalie ihn nur dazu überreden können, sich eine Nadel unter die Haut zu jagen?

Andy – ein Fixer? Dafür hasste sie Natalie! Der Hass war ein gutes Gefühl. Er machte sie stark. Stark und wütend.

Jetzt sah sie auch die benutzte Einwegspritze, die neben der Matratze zwischen einem von Andys Socken und einer Unterhose Natalies auf dem Boden lag. »Okay«, sagte sie cool und hasserfüllt, »danke für die Aufklärung! Vielleicht kannst du mir auch noch sagen, warum sich Andy so anfühlt, als wär er schon tot? Das ist doch nicht normal!«

Natalie zuckte arrogant die Schultern. »Ich sag dir doch: Er pennt!«

»Und warum ist er so kalt?«

»Weil er friert, deshalb! Und nun mach, dass du nach Hause kommst!« Natalie löste sich vom Türrahmen und kam drohend auf Simone zu.

Simone spannte den Rücken an. Wenn es zu einer handgreiflichen Auseinandersetzung kam, dann wollte sie darauf vorbereitet sein. Unmissverständlich sagte sie: »Ich gehe, wann's mir passt!« Wenn es wirklich zum Kampf kommt, dachte sie, hab ich wenig Chancen. Natalie ist sieben Jahre älter und sie ist größer und stärker als ich. Sie konnte nicht wissen, dass Natalie gar keine Kraft hatte zu kämpfen.

Natalie war wie Andy in einem Rauschzustand. Nur wirkte die Droge bei ihr schon lange nicht mehr so wie bei Andy. Simone hätte Natalie einfach beiseite schieben können wie einen Betrunkenen, der über die Straße torkelt.

»Ich gehe, wann's mir passt! Und rühr mich ja nicht an! Ich schlage dich kurz und klein, wenn's darauf ankommt!« Simone sprach leise, aber hart. »Ich hasse dich! Dass du es nur weißt! Ich hasse und verachte dich!«

Natalie zog sich zurück, lehnte sich an die Wand und schien gleichgültig durch Simone hindurchzusehen. Sie zuckte die Schultern. »Tu, was du nicht lassen kannst! Mir ist das scheißegal.«

»Selber Scheiße!« Simone hatte gute Lust, Natalie heftig ins Gesicht zu schlagen. »Du bist schuld! Du hast Andy dazu gebracht, so was zu machen! Dafür hasse ich dich! Ich –«

»Moment mal! Nun mach aber mal halblang, Kleines! Niemand hat Andy gezwungen. Das schreib dir ein für alle Mal hinter die Ohren. Und jetzt lass mich in Ruhe! Bleib hier, wenn du hierbleiben willst, oder hau ab – ganz wie's beliebt. Aber lass mich in Ruhe!« Natalie drehte sich um und verließ das Zimmer.

Simone hörte, wie eine andere Zimmertür ins Schloss fiel. Dann war Stille in der Wohnung.

Eine halbe Stunde oder länger bewachte Simone Andys totenähnlichen Schlaf. Einmal versuchte sie, ihn zu wecken, aber er knurrte nur und drehte sich zur Seite. Er ließ sich nicht aufwecken.

Schließlich gab sie auf. Natalie hatte zwar etwas von zwei Stunden gesagt. Aber konnte man das so genau wissen? Vielleicht würde Andy stundenlang pennen?

Sie hinterließ eine Nachricht für Andy.

»Hallo, Andy!«, schrieb sie. »Ich muss unbedingt mit dir reden! Außerdem musst du mir meine Sachen zurückgeben, sonst merken die Eltern was! Wir treffen uns morgen nach der Schule in deiner Mittagspause! Ich hole dich ab.« Sie unterschrieb mit »Kolumbus« und fügte noch ein P. S. an: »P. S. Den CD-Player nehm ich schon mal mit. Das andere kannst du mir morgen zurückgeben.«

11

Pünktlich um zwei Uhr wartete Simone vor dem Geschäft auf Andy. Ob er sich an die Verabredung halten würde? Sie war sich nicht sicher.

Aber dann kam er doch. Er sah blass aus. Die Haut irgendwie grau.

»Hallo, Andy!«

»Hallo –« Das klang matt.

Er schlug vor, zur nahe gelegenen Parkanlage am Ring zu gehen. Erst viel später begriff Simone, dass er diesen Platz wegen der vielen Springbrunnen gewählt hatte. Das

Rauschen und Platschen der Wasserspeier und Fontänen machten es einem Vorübergehenden unmöglich, zufällig etwas von ihrem Gespräch mitzuhören.

Sie setzten sich auf die Umfassung des lang gestreckten Wasserbeckens. Andy zog Tabak und Zigarettenpapier aus der Jeansjacke und begann, sich eine zu drehen.

Wollte er hier in der Öffentlichkeit einen Joint rauchen?

»Ehrlich: nur Tabak!«, sagte er und versuchte ein Lächeln. Eigentlich sah Andy so aus, wie er als kleiner Junge ausgesehen hatte, wenn ihn sein schlechtes Gewissen plagte.

Umständlich zündete er die Zigarette an. Den Glimmstängel zwischen den Lippen, murmelte er: »Am besten, du vergisst mich! Ich tauge nichts. Ich bin Scheiße. Das musst du mir nicht sagen. Das weiß ich selbst.«

»Du bist nicht Scheiße!«

Andy zuckte die Schultern. »Aber eins sollst du wissen. Ich bin keiner von den Scheiß-Junkies. Ich hänge nicht Tag und Nacht an der Nadel. Ich probiere nur mal aus. Verstehst du das? Ich brauche nur ab und zu einen Kick.«

»Seit wann machst du das?«, fragte Simone und brachte es nicht fertig zu fragen: Seit wann hängst du an der Nadel? Oder: Seit wann fixt du? Als würde alles noch viel schlimmer, wenn sie es ausspräche.

Andy starrte auf die Wasserfontänen, die erst vor wenigen Tagen nach ihrem Winterschlaf wieder angestellt worden waren. Das Wasser, das sie ausspuckten, war klar und kalt.

»Seit wann? Ist das so wichtig? Ich sag dir doch: nur zum Ausprobieren und nicht mehr als zwei oder drei Shots die Woche. Das ist was anderes als bei Natalie. Die braucht alle vierundzwanzig Stunden was. Und das ist teuer.«

Shot
Schuss, Spritze

»Und wenn sie es nicht kriegt?«

»Kriegt sie den Affen.«

»Den Affen?«

»Cold Turkey: Schüttelfrost. Dünnschiss. Krämpfe. Höllische Schmerzen. Willst du noch mehr wissen?«

Simone schwieg. Sie schwieg und atmete ganz flach. Da war sie wieder: die Faust im Magen. Die Angst.

Das war kein Abenteuer mehr. Das war Wirklichkeit. Eine grausame, gefährliche Wirklichkeit, und sie wusste überhaupt nicht mehr, wo es langging. »Andy –«, Simone schob ihren Arm unter seinen Arm, so wie früher. Er ließ es geschehen. Aber er blickte sie nicht an. »Andy – warum hörst du nicht einfach wieder damit auf? Ich hab echt Angst um dich! Du hast doch gesagt, du würdest da nicht reinrutschen!« Sie spürte, wie er die Muskeln im Arm anspannte. Jetzt war alles an ihm nur noch Abwehr. »Andy – warum hast du überhaupt damit angefangen?«

Andy gab einen Ton von sich. Es hörte sich an wie ein gegrunzter Schluckauf. »Oh Mann – was weißt *du* denn schon? Damals, als Natalie abgestürzt war, da hab ich überhaupt erst erfahren, dass sie schon zwei Entgiftungen und zweimal Entzug hinter sich hatte. Und dann passierte die Scheiße. Dann fiel sie in ihr schwarzes Loch und knallte sich zu! Meinst du, das hat mir Spaß gemacht, he?«

Simone schüttelte den Kopf. Andy redete sich in Rage. Er war wütend, zornig und verzweifelt zugleich.

»Ich war doch blind und taub gewesen! Ich ahnte nicht das Geringste! Mucki und das Kokain, gut, Selim und Opium, gut, aber: Natalie und Heroin? Das hätte ich mir in tausend Lichtjahren nicht vorstellen können. Das schlug bei mir ein wie ein kaputter Satellit. Oh Mann – du hast ja keine Ahnung! Als wir sie kennen lernten, hatte sie eine gute Phase. Da war sie gerade mal wieder weg von der Nadel. So einfach ist das. Und eins sage ich dir: *Ich* schaffe es!«

»Was schaffst du?«, fragte Simone vorsichtig und leise.

»Ich schaffe es, Natalie aus der Scheiße rauszuholen! Wenn ich es nicht tue, tut es niemand!«

Scheibenkleister! Ein verdammter Scheibenkleister war das, was sich da in Andys Hirn zusammengebraut hatte!

»Andy«, sagte Simone, »vielleicht ist das zu schwierig für dich? Wie willst du Natalie retten, wenn du selbst schon drinsteckst?« Andy schob ihren Arm beiseite. »Das kann jedem passieren, dass er da reinrutscht. Jedem! Auch dir! Du begreifst einfach nicht, dass ich Natalie nur retten kann, wenn ich weiß, was das ist, was sie so festkrallt.«

»Und was ist es?«

»Der Flash. Was sonst?«

Simone hätte fragen können: Flash? Aber sie hielt den Mund. Sie wusste jetzt, dass sie so gut wie nichts wusste. »Der Flash«, sagte Andy leise und so, als hätte er ihre Gedanken gelesen, »der Flash ist wie ein Blitz im Gehirn, so was Ähnliches wenigstens. Es dauert eine Viertelstunde, bis das Zeug wirkt. Aber dann ist es schlagartig im Kopf. Der Flash löst alle Probleme. Du vergisst sie einfach. So ist das bei mir. Bei Natalie nimmt der Flash nur noch die Entzugsschmerzen, gibt dem Affen Zucker. Das ist alles Scheiße – aber das versteht nur jemand, der mittendrin steckt!«

Simone hörte, wie er Rotz in der Nase hochzog. Heulte er? Sie versuchte, ihm ins Gesicht zu sehen. Er drehte sich weg.

Eine Weile saßen sie schweigend nebeneinander.

Dann zog Andy auf einmal Simones Schlüssel aus der Jeansjacke. »Tut mir leid«, sagte er, »dass ich dich in Schwierigkeiten gebracht habe. Hier ist der Schlüssel. Ich geb ihn dir, damit ich nicht noch mehr Mist baue!«

Simone war überrascht. Als sie den Schlüssel entgegennahm, berührten ihre Finger seine Fingerspitzen. Sie waren eiskalt. »Und was ist mit den anderen Sachen?«

Er zuckte die Achseln. »Die hatte Natalie schon verkloppt. Sorry. Ich kam zu spät.«

Simone hatte auf einmal das Gefühl, belogen zu werden. Es tat ihr weh. Andy hatte sie noch nie angelogen. Oder doch?

Belog er sie schon die ganze Zeit? Sie hätte ihm auf den Kopf zusagen können: Du lügst! Sie tat es nicht. Sie fürchtete, Andy würde aufspringen und davonrennen.

Sie steckte den Schlüssel ein. Immerhin hatte Andy noch so viel Anstand, sich selbst einen Riegel vorzuschieben.

Gemeinsam gingen sie zu Elektro-Neuber zurück.

Ehe Andy hinter der Glastür des Ladens verschwand, sah er Simone an. Nur kurz. Er hatte seltsam traurige Augen. Oder: verzweifelte? Oder: ängstliche?

»Also denn«, sagte er, und es klang verlegen, »dann mach's mal gut. Und halte dich an das, was ich vorhin gesagt habe: Vergiss mich! Es tut weh, aber es geht!«

Und schon war er im Geschäft ... Er sah sich nicht mehr nach Simone um.

12

Aus Andys Zettelkasten:

Es hat keinen Sinn, über irgendwas zu reden. Es hat überhaupt keinen Sinn mehr! Ich bin dabei, Scheiße zu bauen. Hab ich jemals was anderes gemacht?

13

Simone war zur Mitwisserin geworden, und das Wissen erschreckte und quälte sie.

Es stellte sie vor Probleme, die unlösbar schienen. Was sollte sie tun? Den Eltern sagen, wie es um Andy stand? Sie wäre sich wie eine Verräterin vorgekommen.

Außerdem hatte sie Angst.

Eine kleine miese feige Angst. Angst um sich selbst.

Sie hatte zu lange geschwiegen!

Michi fiel ihr wieder ein. Damals, als es nur um zehn Gramm Hasch ging, hatte er da nicht angedeutet, man würde sie ins Heim stecken, wenn sie zugeben würde, Bescheid gewusst zu haben?

Die Eltern würden Natalie bei der Polizei anzeigen, sobald Simone ihnen sagte, was mit Andy los war.

Natalie käme wahrscheinlich in den Knast.

Ist mir egal, dachte Simone gehässig. Sie machte gar keinen Versuch, ihren Hass zu unterdrücken.

Auf einmal kam ihr der Lastwagen mit türkischem Kennzeichen in den Sinn, hörte sie wieder die Männerstimmen im Innern der WG. Selim! Könnte es sein, dass Selim den Stoff aus der Türkei besorgte? Dass Natalie und Andy und Mucki und Claudia seine Helfer waren? Oder waren sie sogar von ihm abhängig, weil er den Stoff beschaffte, den sie brauchten?

Und: Hatte Natalie Andy vielleicht doch dazu gebracht, mit Drogen zu dealen?

Dann käme auch er in den Knast.

Das wollte sie nicht riskieren.

Den eigenen Bruder ins Gefängnis bringen?

Zehn Tage nach dem Abschied vor dem Geschäft von Elektro-Neuber wurde Simone vierzehn.

Sie erinnert sich kaum an diesen Geburtstag, eigentlich

nur daran, dass Andy weder vorbeischaute noch irgendein anderes Lebenszeichen von sich gab.

Erst ein Jahr später erfuhr sie, dass er sich an ihrem vierzehnten Geburtstag eine Spritze falsch gesetzt hatte. Möglicherweise hatte er einen Muskel erwischt. Das Gift lähmte zuerst den rechten Arm, dann breitete sich die Lähmung über den Oberkörper aus und näherte sich dem Herzen.

Andy geriet in panische Angst. Er schrie und weinte vor Angst. Er rannte in der Wohnung auf und ab. Er bat Natalie um Hilfe. Aber sie lachte ihn aus und ließ ihn in der WG für Stunden allein. Es dauerte lange, bis die Lähmungserscheinung abklang.

Teil 5

1

Simone brauchte Wochen, bis sie begriff, dass Andy es ernst gemeint hatte, als er sagte, sie solle ihn vergessen. Sie wollte es einfach nicht glauben.

Hartnäckig versuchte sie, ihn zu sehen. Sie rief in der WG an und fragte nach Andy, oder sie kam unangemeldet vorbei.

Einmal hatte sie Pech: Natalie öffnete und warf ihr sofort die Tür vor der Nase zu. Simone rächte sich, indem sie den Daumen fünf Minuten lang ununterbrochen auf den Klingelknopf drückte. Aber selbst das penetrante Dauerklingeln brachte Natalie nicht dazu, noch einmal die Tür aufzumachen.

Die anderen Male öffneten Claudia, Mucki oder auch Selim.

Dabei fiel Simone auf, dass Selim der Einzige in der WG war, der nicht irgendwie müde, abgeschlafft, dösig oder weggetreten wirkte. Im Gegenteil: Er sah so gesund aus, als hätte er das ganze Jahr über Ferien. Um den Hals und am Handgelenk trug er Goldkettchen, und seine Klamotten waren vom Feinsten.

Claudia ließ sie einmal sogar in die Wohnung. Simone konnte sich selbst davon überzeugen, dass Andy an diesem Nachmittag tatsächlich nicht da war.

Mucki, der monatelang in derselben Lederkluft rumlief, versicherte ihr, es täte ihm leid, aber Andy ließe ihr ausrichten, sie solle nicht mehr kommen.

Simone ließ nicht locker.

Als sie zum vierten oder fünften Mal vor der Wohnungstür stand, wurde Selim weich. »Weißt du, wo das ›Flash‹ ist?«

Selim zwinkerte ihr zu. »Na, dann weißt du ja Bescheid – aber nicht von mir, okay?«

Als Simone das »Flash« betrat, war der Raum verräuchert. Aus zwei Boxen dröhnte Rock. Irgendwelche Typen hingen am Tresen rum. Einer pfiff ihr hinterher. Da entdeckte Simone Natalies rote Löwenmähne. Sie und Andy saßen am hintersten Tisch, hatten offensichtlich viel getrunken und stritten.

Sie hörte, wie Andy vernehmlich »Scheiße!« sagte, sah, wie er aufstand. Er schwankte breitbeinig auf sie zu und hatte Mühe, einen Fuß vor den anderen zu setzen.

»Was machst du hier?« Er war abweisend und unfreundlich, legte Simone ziemlich hart eine Hand auf die Schulter und schob sie aus der Kneipe auf die Straße.

»Woher weißt du, dass ich hier bin? Wer hat gequatscht?«

»Ich will nicht, dass du mich einfach abschiebst!«, antwortete Simone trotzig. »Du kannst dich nicht einfach abseilen. Du bist mein Bruder!«

»Du redest ganz schön Makulatur!«

Makulatur *Fehldruck, hier: Unsinn reden*

»Na und? Stimmt's vielleicht nicht? Du hast mal gesagt, du würdest mich nicht im Stich lassen. Damals, als du von der Schule geflogen bist.«

»Das ist 'ne Ewigkeit her!«

»Ach nee! Seit wann sind zwei Jahre eine Ewigkeit?«

Sie schaffte es!

Andy gab klein bei. »Okay. Wenn du unbedingt willst, können wir uns ja gelegentlich treffen. Aber nicht hier und nicht in der WG.«

Er behauptete, Simone nicht noch tiefer in die ganze Sache hineinziehen zu wollen.

Mag sein, es stimmte.

»Gut, dann hole ich dich von der Arbeit ab«, schlug Simone vor.

Andy grinste auf einmal. »Geht nicht mehr. Hab ich

heute geschmissen. Die können mich alle mal! Ich bin demnächst volljährig!«

Er forderte Simone auf, ihm ihre Hand zu geben. Sie erinnerte sich, wie Natalie ihm damals ihre Adresse auf den Handrücken geschrieben hatte. Andy schrieb lieber in die Innenfläche: »Do, 2 h, Domplatte.«

»Also, Donnerstag auf der Domplatte – Ehrenwort?«

»Ich bin da«, antwortete Andy nur, drehte sich um und verschwand breitbeinig in seine Ecke.

Simone machte sich zufrieden auf den Heimweg. Endlich gab es wieder einen Lichtblick in der Beziehung zu ihrem Bruder. Doch wenn Andy die Lehre geschmissen hatte, würden sich die Eltern beim Abendessen sicher lautstark aufregen.

Nichts dergleichen geschah.

Die Eltern waren lediglich schweigsam.

Vielleicht hatte Andy nur eine Show abgezogen?

Donnerstag um zwei trafen sie sich auf der Domplatte.

Sie setzten sich auf einen Steinsarkophag neben dem Römisch-Germanischen Museum. Redeten über alles Mögliche. Andy rauchte eine Zigarette nach der anderen.

Jedes Mal, wenn Simone davon anfing, er solle doch versuchen, von der WG wegzukommen, blockte er.

Ehe sie sich trennten, verabredeten sie sich für die nächste Woche. Bis auf die Sache mit dem Heroin und Natalie schien zwischen ihnen alles wieder in Ordnung zu sein.

Simone täuschte sich.

Schon zur nächsten Verabredung erschien Andy nicht.

Als sie deshalb in der WG anrief, war er jedoch bereit, ein neues Treffen zu verabreden.

Simone hatte nichts anderes im Sinn, als ihn irgendwann doch dazu überreden zu können, Natalie und das Heroin aufzugeben. Wenn er Natalie aufgeben könnte, dachte sie, käme er auch von der Nadel weg.

Das zog sich bis zu den Sommerferien hin. Mal hielt er eine Verabredung ein, mal nicht.

Zu seinem achtzehnten Geburtstag schenkte sie ihm ein Hawaiihemd, das mindestens so schön war wie das, das er immer so gern getragen hatte.

Er bedankte sich und hatte es eilig.

Während all ihrer Treffen nannte er sie kein einziges Mal mehr Kolumbus. Er gab ihr auch keinen Kuss mehr.

Simone hatte das Gefühl, es gäbe eine unsichtbare Wand zwischen ihnen.

Am Tag nach seinem Geburtstag fragte die Mutter, als sie mit Simone allein im Garten war: »Geht es Andy einigermaßen gut?« Simone war überrascht, wie traurig ihre Stimme klang. Andy hatte sich monatelang nicht mehr bei den Eltern blicken lassen.

Die Mutter wusste, dass Andy bei Elektro-Neuber seine Ausbildungsstelle verloren hatte. Sie deutete an, Andy hätte einige Sachen aus dem Geschäft mitgehen lassen, wahrscheinlich auch den Karton mit den Taschenrechnern, der seinerzeit angeblich verlegt worden war. Der Vater hatte die Angelegenheit ausgebügelt und so eine Anzeige bei der Polizei verhindert, allerdings nicht den Rausschmiss seines Sohnes.

Also hatte Andy sie wieder einmal belogen!

Simone war enttäuscht.

In den Ferien nahmen sie die Eltern mit nach Kreta. Andy fuhr angeblich mit der gesamten WG in die Türkei. »Also vor Ende September«, sagte er Simone beim letzten Treffen auf der Domplatte, »vor Ende September sind wir bestimmt nicht zurück.«

Es war ein regnerischer Julitag. Ein böiger Wind trieb Wasserschwaden über die Steinplatten vor dem Dom.

2

Aus Andys Zettelkasten:

> **Natalie redet nur noch vom Geldbeschaffen.**
> **Ich will nicht dealen.**
> **Lieber organisier ich die Kohle auf meine Weise.**
> **Ob es überhaupt einen Sinn hat, mit Natalie zusammenzubleiben?**
> **Aber dann?**
> **Leere.**
> **So eine verdammte Leere!**

3

Ende August begann die Schule. Simone kam in die neunte Klasse. Anfang September war sie in der Fußgängerzone unterwegs. Einfach so. Aus Langeweile.

Sie hätte allen möglichen Leuten begegnen können.

Dass es gerade Andy war, den sie zwischen den Regalen der Parfümerie entdeckte, damit hätte sie am allerwenigsten gerechnet.

Sie wollte schon überrascht auf ihn zustürmen, als sie sah, wie er klaute.

Sie hielt den Atem an.

Er ließ irgendein teures Teil im Hemd verschwinden. Behutsam und möglichst unauffällig blickte Simone um sich. Hatte jemand etwas bemerkt?

Nein. Andy verließ unbehelligt das Geschäft. Sie folgte ihm auf die Straße.

Die Fußgängerzone war voller Leute. Simone holte Andy an einem Straßenstand mit Silberschmuck ein.

Als sie ihn ansprach, sah sie, wie er erschrak. Aber nur für einen Augenblick, dann hatte er sein abwehrendes Pokerface aufgesetzt.

Sie wollte sich an seinen Arm hängen. Er wies sie ruppig ab, drehte sich um und versuchte zwischen einem Kinderwagen und einem Pulk alter Leute zu verschwinden.

Simone ließ sich nicht abschütteln und lief neben ihm her.

Sie redete unentwegt auf ihn ein. Sagte ihm, dass er sie belog, dass sie ihn beim Klauen gesehen hatte, ob er überhaupt in der Türkei gewesen sei.

Andy ließ sie eine Weile reden, dann blieb er ruckartig stehen, starrte sie feindselig an und sagte eisig: »Oh Mann! Lass mich endlich in Ruhe! Hau ab! Merkst du nicht, dass du mir auf den Keks gehst? Du bist nervig! Echt ätzend!«

Sein Angriff traf sie unvorbereitet.

Sie blieb wie angewurzelt stehen, während er sich mit langen Schritten von ihr entfernte. Sie sah ihn nur noch kurz zwischen einigen Passanten, dann war er verschwunden.

Das war nicht mehr der Andy, den sie kannte. Es kam Simone so vor, als hätte ihr Bruder die eigene Person ausgetauscht. Wie konnte so etwas passieren?

Damals wusste sie noch nicht, dass ein Junkie niemals mehr der Mensch sein kann, der er einmal war.

Sie wusste nicht, dass ihn das Gift veränderte. Das Gift und der Stress, jeden Tag genügend Geld für den nächsten Schuss auftreiben zu müssen. Sie wusste allerdings sehr gut, warum er geklaut hatte.

Jeder weiß, warum ein Fixer zum Dieb wird.

Andy war ein Junkie. Daran gab es nun keinen Zweifel mehr.

Simone war verletzt, sie war traurig. Sie war wütend, und sie war ratlos.

Sie begann nachzudenken und zu grübeln.

Wie damals, als Tobias sie von einem zum anderen Tag fallengelassen hatte, lag sie nun nächtelang wieder wach. Manchmal schaltete sie das grüne Neonherz ein und wartete darauf, dass Andys Geschenk zum dreizehnten Geburtstag sie tröstete. Wenn sie morgens nach drei oder vier Stunden Schlaf aufwachte, spürte sie eine bleierne Müdigkeit im ganzen Körper. Der Kopf dröhnte oder schmerzte höllisch.

Irgendwann fiel ihr Zustand den Eltern auf. Sie schickten Simone zum Arzt. Dem erzählte sie etwas von Schulstress und Schlaflosigkeit. Er glaubte ihr und verschrieb Beruhigungstabletten und Vitamine. Die Beruhigungspillen schluckte sie abends.

Als sie morgens genauso zerschlagen aufwachte wie nach schlaflosen Nächten, durfte sie zum ersten Mal zum Frühstück Kaffee trinken. Wenn Klassenarbeiten anstanden, bot ihr die Mutter eine Tablette an, die Simone munter machte.

Katrin nannte das »Uppies« für den Morgen und »Downies« für den Abend.

»Was ist los?«, fragte sie, »stimmt was mit deinen Hormonen nicht?«

»Möglich«, antwortete Simone ausweichend.

Sie fürchtete sich, irgendwann ihr Wissen um Andy preiszugeben und damit zur Verräterin zu werden.

Genauso fürchtete sie sich davor, zu lügen. Und sie musste lügen, wenn die Mutter nach Andy fragte.

Hundsmiserabel elend fühlte sie sich dann.

Sie begann, sich zurückzuziehen. Sie kroch in sich hinein wie eine Schnecke in ihr Gehäuse. Als sie noch klein war, hatte ihr Andy einmal erzählt, dass Schnecken einen Winterschlaf halten. Sie legen dann eine dünne Membranhaut vor den Eingang ihres Gehäuses. So schützen sie sich davor, zu erfrieren.

Membran *Begriff aus der Biologie: zarte, dünne Haut*

Simone wurde in diesem Herbst verschlossen und eigenbrötlerisch. Ihre Schulleistungen sackten ab.

Sie war eigentlich immer eine gute Schülerin gewesen. Keine Streberin, aber bei Klassenarbeiten hatte sie bisher mit einer Zwei, schlimmstenfalls mit einer Drei abgeschnitten. Nun stürzte sie in schwindelerregende Tiefen: eine Fünf in Deutsch, eine Vier in Erdkunde, in Mathe sogar eine Sechs, in Englisch eine Gerade-noch-Vier. Ihre Arbeiten wimmelten vor roten Korrekturzeichen.

Den Eltern verschwieg Simone ihre miserablen Leistungen, so, wie sie ihnen Andys Weg ins Unglück verschwiegen hatte.

Die Eltern, dachte sie, würden alles nur noch schlimmer machen. An den Nachmittagen, die sie nun allein, ohne Freunde und ohne Andy, im Haus verbrachte, blieb ihr viel Zeit zum Grübeln.

Eine Frage quälte sie ganz besonders: Ob Andy wohl ein Gelegenheitskiffer geblieben wäre, wenn sie ihn damals nicht von der Schule geworfen hätten?

Damals war er nicht süchtig gewesen.

Oder gehörte Andy zu den Typen, die so oder so auf harte Drogen umsteigen, egal, ob man sie in den Arsch tritt oder nicht? War er einer von diesen Schlaffies, die mit dem Leben einfach nicht fertig werden?

Sie wusste es nicht.

Sie wusste nur eins: Das Gift würde ihn eines Tages umbringen.

4

Simone machte wochenlang keinen Versuch mehr, Andy gegen seinen Willen zu treffen.

Es war beinahe so, als wäre er schon tot.

Nach den Herbstferien, Anfang November, nahm sie gemeinsam mit Katrin und vier anderen Mädchen aus der Klasse an einer Projektwoche teil, die einige Leute von der Drogenberatungsstelle für die Schule organisierten.

Die Teilnahme war freiwillig, und Simone meldete sich, ohne zu zögern, als dieses Projekt der Klasse vorgestellt wurde.

Sie war die Einzige.

Katrin kommentierte verwundert: »Bist du bekloppt? Wer sich da meldet, der gerät doch gleich in den Verdacht, was mit Drogen zu tun zu haben! – Gerade du, wo doch jeder weiß, dass dein Bruder von der Schule geflogen ist! – Oder bist du etwa –?« Katrin beendete ihre Frage nicht.

»Quatsch bin ich!«, antwortete Simone. Mehr nicht. Sie sagte Katrin nichts über Andy und erzählte ihr auch nicht, dass sie manchmal darüber nachdachte, ob sie genauso wie Andy in diese ganze Scheiße hineinrutschen könnte.

Erst als Katrin auch in der großen Pause weiterbohrte und nicht glauben wollte, dass Simone bisher kein einziges Mal auch nur gekifft habe, wurde sie wütend. »Selber bekloppt! Es kann schließlich nicht schaden, mal aus erster Hand zu hören, wo's langgeht!«

Nachdem sich außer Simone tatsächlich kein anderes Mädchen freiwillig meldete, wurden die Teilnehmerinnen schließlich von der Klassenlehrerin ausgewählt, darunter auch Katrin. Sie nahm es murrend zur Kenntnis.

Erst nach der Schule protestierte sie lautstark. »Die spinnt wohl! Als ob ich süchtig wäre, nur weil ich gelegentlich mal meine Uppies und Downies schlucke!«

Es gab auch Proteste einiger Eltern, die ähnlich dachten wie Katrin.

Aber schließlich fuhren sie dann doch zu sechst mit zwei Betreuerinnen in ein Jugendhaus im Bergischen Land.

Die Stimmung war zu Anfang ziemlich mies. Außer Simone hatte keine Lust, wirklich mitzumachen.

Katrin tat alles, diese miese Stimmung anzuheizen. »Wetten, die zwei alten Tanten sind nur dazu da, uns auszuhorchen? Die wollen wissen, wer von uns kifft oder sonst was macht!«

So alt waren die beiden Betreuerinnen gar nicht. Die eine sagte, sie sei Theaterpädagogin, und wollte Rollenspiele durchziehen. Die andere war eine ehemalige Lehrerin. Jetzt arbeitete sie bei der Drogenberatung.

Im Grunde waren sie gar nicht so übel.

Simone gefiel vor allen Dingen Sara, das war die von der Drogenberatung. Sie war ruhig und freundlich und nicht aufdringlich.

Am ersten Tag lief gar nichts. Katrin hatte es geschafft, alle, bis auf Simone, zu blockieren.

Am zweiten Tag schlug Sara vor, das ganze Projekt abzublasen. »Wenn ihr absolut kein Interesse habt, hat es keinen Zweck.«

Das wiederum wollte selbst Katrin nicht. Ein vorzeitiges Abbrechen hätte Zoff in der Schule gegeben. Sie arrangierten sich.

Zur Überraschung aller war von Drogen überhaupt nicht die Rede. Die Teilnehmer sollten sich zum Thema »Traumfrau« verkleiden und schminken. Danach diskutierten sie über Freundschaft unter Mädchen und Freundschaft zu Jungen. Über Liebe und über Aids. Über Probleme in der Schule und Probleme zu Hause.

Simone begann, sich unwohl zu fühlen. Sie sah keine

Möglichkeit, offen über das zu sprechen, was sie tatsächlich bedrückte. Also blieb ihr nichts anderes übrig, als sich wieder wie eine Schnecke in ihr Gehäuse zu verkriechen und still und schweigsam zu werden, wie sie es seit ihrer letzten Begegnung mit Andy ohnehin schon geworden war. Sie fühlte sich entsetzlich einsam.

Möglicherweise war Simones Schweigsamkeit der Grund dafür, dass sich Sara auf der Rückfahrt im Zug neben Simone setzte. Sie redeten über Belanglosigkeiten. Aber Simone kam es so vor, als ahnte Sara etwas von ihren Problemen, und sie konnte sich sogar vorstellen, irgendwann einmal mit ihr darüber zu sprechen.

Irgendwann einmal.

5

Wenige Tage vor den Weihnachtsferien kursierten in der Schule seltsame Gerüchte über Anna. Sie erschien nicht mehr in der Schule und war auf rätselhafte Weise verschwunden.

Katrin und Thomas erzählten Simone, Anna wäre mit einem Fixer durchgebrannt. »Nach Thailand oder so. Sie wird jetzt von Interpol gesucht. Ihre Eltern haben die Polizei eingeschaltet!«

Interpol *Internationale Kriminalpolizeiliche Organisation*

Andy ließ auch Weihnachten nichts von sich hören.

Die Eltern gaben sich große Mühe, Simone das Weihnachtsfest schön zu machen. Sie schenkten ihr nicht nur einen Fernseher, es lag auch eine schicke teure Lederjacke unter dem Christbaum.

Aber Weihnachten hatte für Simone seinen Lebkuchenzauber verloren.

Als sie sich spätabends still in ihr Zimmer zurückzog, drückte ihr die Mutter noch zwei Päckchen in die Hand.

»Für dich«, sagte sie und lächelte etwas unsicher. Beinahe schüchtern strich sie Simone übers Haar.

In den beiden Päckchen fand Simone einen Kassettenrekorder und das Buch »Wir Kinder vom Bahnhof Zoo«.

Sie saß in ihrem Zimmer auf dem Fußboden und weinte. Die Mutter hatte also längst das Fehlen des alten Rekorders bemerkt und nichts dazu gesagt!

Was wusste sie sonst noch? Das Buch, das sie ihr schenkte, war doch kein Zufall!

Zum ersten Mal war Simone versucht, sich der Mutter anzuvertrauen. Aber dann tat sie es doch nicht.

Sie hatte sich immer Andy anvertraut, auch schon als Kind. Vielleicht deshalb, weil sie ihre Mutter nicht mit noch mehr Problemen belasten wollte. Die hatte doch schon genug mit Geschäft und Haushalt zu tun.

An Silvester wurde bei Elektro-Neuber eingebrochen. Mehrere wertvolle Geräte wurden gestohlen.

Der Vater sprach davon, im eigenen Geschäft die Einbruchssicherung zu verstärken. Er schöpfte anscheinend keinen Verdacht.

Simone brachte kaum einen Bissen hinunter. Es war, als drückte ihr eine Hand den Hals zu.

So konnte es nicht weitergehen!

Andy klaute jetzt nicht nur zu Hause und in Parfümerien. Er fing an, im großen Stil abzuräumen. Er war auf dem besten Weg, im Knast zu landen.

Am nächsten Nachmittag rief sie in der WG an. Sie wollte dort nicht unangemeldet auftauchen. Andy würde ihr vielleicht die Tür vor der Nase zuknallen. Davor fürchtete sie sich.

Als sich niemand meldete, machte sie sich kurz entschlossen auf den Weg zum »Flash«.

Es war ein kalter Januartag. Schneeregen nieselte aus

einem grauen Himmel, der tief über der Stadt hing.

Das »Flash« schien geschlossen, die Rollläden vor den Fenstern und der Eingangstür waren heruntergelassen. Als Simone sich enttäuscht abwandte, stoppte ein olivgrünes Käfer-Cabrio neben ihr am Bordstein. Die Scheibe wurde heruntergekurbelt.

»Hallo, Kolumbus! Schön, dich mal wiederzusehen!«

Michi saß am Steuer. Er lachte sie breit und fröhlich an. Simone zuckte zusammen. Wieso nannte er sie auf einmal wieder Kolumbus? Dazu hatte er kein Recht!

»Soll ich dich ein Stück mitnehmen?«, fragte er und fügte sofort hinzu: »Komm, steig ein!«

Er war braun gebrannt, als hätte er Skiurlaub hinter sich, trug ein feines Wolljackett und am Handgelenk Goldkettchen wie Selim.

Simone schüttelte stumm und verbissen den Kopf.

Michi blieb freundlich. »Bist du auf der Suche nach Stoff? Ich meine, weil du hier beim ›Flash‹ rumhängst? Die Bullen haben es vor zwei Tagen dichtgemacht. Aber vielleicht kann ich dir weiterhelfen?«

Das Wort »Stoff« wirkte auf Simone, als hätte Michi sie mit einem Klappmesser bedroht. Ihre Knie fingen an zu zittern. Sie wollte Michi zubrüllen: Hau bloß ab!

Sie brachte kein Wort heraus. Aber sie schaffte es, sich umzudrehen und einfach loszurennen.

6

Aus dem Radio erfuhr Simone, dass die Polizei am Vormittag am Neumarkt, im U-Bahn-Untergeschoss und im Forum zugegriffen hatte. Es war eine von diesen spontanen Razzien, die sie ungefähr zwei- oder dreimal im Jahr veranstalteten. Sie nannten es »säubern«.

Dealer und Süchtige wurden verhaftet. Andere laufengelassen.

Die Drogenszene tauchte nach solchen Aktionen kurzfristig ab und bald wieder auf.

Simone hörte mit angehaltenem Atem dem Nachrichtensprecher zu. Da war sie wieder: die Angst! Dagegen konnte sie nichts tun.

Was, wenn sie auch Andy geschnappt hatten?

Sie schluckte anderthalb Beruhigungstabletten. Es half nichts.

Sie musste sich auf den Weg machen, musste wissen, ob Andy etwas zugestoßen war.

Als sie bei der WG klingelte, öffnete ihr Mucki. Er schien geradezu erleichtert, Simone zu sehen. »Mensch! Und ich dachte schon, die Bullen sind da!«

Ohne lange Diskussion ließ er sie eintreten.

In der Küche saß Andy an dem großen Holztisch und schüttete Bier in sich hinein.

Simone blieb stehen und betrachtete den Bruder.

Er hatte die Haare wachsen lassen. Sie hingen ihm bis auf die Schultern, waren ungewaschen und strähnig. Andy sah heruntergekommen und verwahrlost aus.

»Hier ist jemand für dich«, sagte Mucki und ließ Simone mit Andy allein.

Andy blickte auf.

»Hallo – Andy!« Simones Begrüßung klang verlegen, was war mit ihrem Bruder los?

Heulte er? Seine Augen schwammen in Flüssigkeit. Oder war er krank?

»Ach, du bist es!«, war alles, was er antwortete.

Simone ging zwei, drei Schritte in die Küche hinein. »Kann ich mich zu dir setzen?«

Andy zuckte gleichgültig die Schultern. »Wenn du

willst –« Er wandte sich wieder der Bierdose zu. Er stank wie ein Penner, stellte Simone fest, als sie ihm gegenübersaß. Er hatte auch aufgekratzte Pickel im Gesicht.

»Hast du Akne?«, erkundigte sie sich vorsichtig.

»Quatsch! Ist nur'n Ausschlag. Geht auch wieder weg.«

Simone konnte nicht wissen, dass Andy unter einem der typischen Hautausschläge litt, die das Heroin verursacht.

Sie sah sich in der Küche um. Hier war es ungewöhnlich aufgeräumt, so, als erwartete die WG wichtigen Besuch. »Erwartet ihr jemanden Besonderen?«

Andy hob ruckartig den Kopf und starrte sie an, als hätte sie etwas total Verkehrtes gefragt. Seine Augen schwammen nicht nur in Flüssigkeit, sie waren auch entzündet und rot gerändert.

»Ich bin froh, dass die Bullen dich bei ihrer Razzia nicht erwischt haben!« Simone hoffte, das würde Andy beruhigen.

Plötzlich zitterte er, als fröre er.

Was war nur los mit ihm?

»Bist du krank?«

Er schüttelte müde den Kopf. Schweißperlen standen ihm auf der Stirn. Er schniefte und zog Rotz in der Nase hoch. »Sie haben Natalie erwischt!«

Simone konnte nichts dafür, dass sie sich darüber freute. »Ist sie im Knast?«

»Auf der Wache eingelocht!« Andy gähnte.

Simone hatte den Eindruck, dass er eigentlich gar nicht gähnen wollte, dass es ein krampfhaftes Gähnen war. Andy konnte es nicht unterdrücken.

»Oh Mann«, stöhnte er nun, »oh Mann, wenn du wüsstest, in was für einer schäbigen, stinkigen Scheiße ich sitze!«

Dann fing er tatsächlich an zu heulen. Es war ein trockenes, gequältes Schluchzen.

Es musste Jahre her sein, dass er vor Simone geweint hatte. Damals hatte er noch seine Kinderstimme gehabt. Hier in der Küche der WG hörte Simone einen erwachsenen Mann schluchzen.

»Andy –«, Simone räusperte sich, schluckte die eigenen Tränen hinunter. Sein Weinen war ansteckend. Sie schob ihre Hand über die Tischplatte und berührte seine Fingerspitzen. Sie waren schweißnass.

Ein neuer Schüttelfrost ließ ihn zittern.

Er sprang auf und rannte hinaus. Sie hörte eine Tür zuknallen und blieb ratlos zurück.

Wie damals, als sie gemeinsam mit Andy zum ersten Mal Natalie besucht hatte, kam Mucki mit langen Schritten in die Küche und öffnete den Kühlschrank.

»Wo ist Andy?«, fragte er und holte einen Topf heraus.

»Ich weiß nicht – erst hat er geheult, dann ist er rausgerannt. Ist das wegen Natalie?«

Mucki löffelte kaltes Gemüse aus dem Topf und lachte kurz auf.

»Na ja – er hat den Affen. Das siehst du doch. Natalie war unterwegs, Zucker für den Affen zu besorgen, als sie geschnappt wurde. Also, wenn du mich fragst: Dein Bruder braucht dringend einen Schuss, sonst kippt er uns noch weg, und wir müssen ihn vom Sanka holen lassen!«

Sanka *Abkürzung für Sanitätskraftwagen, Krankenwagen*

Mucki unterbrach sich, hörte auf, Gemüse zu löffeln und betrachtete Simones Lederjacke, die über dem Stuhl hing.

»Sag mal –«, meinte er nachdenklich, »du willst deinem Bruder doch helfen?«

Simone begriff nicht, worauf er hinauswollte. Klar doch, sie wollte Andy helfen!

Mucki nickte zufrieden. »Wie gesagt, er braucht dringend den nächsten Schuss. Ich weiß nicht, ob du das schon mal erlebt hast, wie das ist, wenn der richtige Entzug kommt: tierische Krämpfe, Dünnschiss, Schmerzen bis zur Bewusstlosigkeit –« Er warf Simone einen prüfenden Blick zu.

Sie starrte ihn nur an und hatte das Gefühl, ungewollt einen Blick in die Hölle zu werfen. Am liebsten wäre sie davongelaufen.

»Um an einen Schuss zu kommen, braucht er Kohle«, fuhr Mucki fort und sprach ganz ruhig und sanft mit Simone, »die könnte er haben, wenn du ihm deine Jacke lässt. Das, was er dafür kriegt, reicht für eine Weile. – Ich will dich ja nicht überreden, ist nur ein Vorschlag.« Er lächelte, stellte den Gemüsetopf in den Kühlschrank zurück und erklärte: »Ich geh mal nachsehen. Wahrscheinlich hängt er mit Dünnschiss auf dem Klo!«

Simones Magen zog sich krampfhaft zusammen.

Sie hörte, wie Mucki auf dem Flur mit Andy verhandelte. Andy sollte irgendeine Tür aufschließen und sich zusammenreißen.

Ganz plötzlich hatte Simone Schwierigkeiten, Luft zu bekommen. Sie lief zum Küchenfenster und riss es auf.

Draußen wurde es fast dunkel. Der graue Januarhimmel berührte die Hausdächer.

Die frische Luft tat ihr gut.

Vielleicht war es wirklich vernünftig, Andy die Jacke zu schenken? Besser als zuzulassen, dass er höllische Schmerzen aushalten musste –

Zu Hause könnte sie sagen, sie hätte die Jacke verloren oder sie wäre ihr gestohlen worden.

Eine Lüge. Aber sie hatte die vergangenen Monate so oft gelogen. Kam es darauf noch an? Eine Lüge mehr konnte die Sache kaum noch schlimmer machen.

Auf einmal hatte sie das Gefühl, alles, aber auch alles falsch gemacht zu haben.

Andy war endgültig abgesackt. War süchtig. Ein Junkie. Er hing an der Nadel, und sie war schuld.

Er war krank.

War er das? Ist einer krank, der an der Nadel hängt?

Sie hatte ihn nicht gestoppt. Sie hatte nichts verhindert. Es lag an ihr.

Simone beugte sich aus dem offenen Fenster. Von hier oben ging es vier Stockwerke abwärts. Unten in der graunebligen Dämmerung lag die Straße, um diese Zeit kamen nur wenig Autos vorbei. Die Luft war kühl und feucht.

Sie atmete tief durch.

Dann entdeckte sie die beiden Plakatwände auf den ruß- und abgasgeschwärzten Ziegeln eines Seitenhauses. Im tristen Dämmerlicht leuchteten sie wie fröhlich bunte Farbflecke. Simone musste an ihre erste Begegnung mit Natalie im »Forum« denken.

Glaubte sie der Reklame dort drüben, dann war das Leben leicht und heiter.

Auf dem einen Plakat prosteten sich lachende Menschen zu. Sie hatten keine Probleme. Auf dem anderen genoss eine junge Frau die Sonne, das Meer und einen Segeltörn, zwischen den Fingern einen Glimmstengel.

Simone hatte einen bitteren Geschmack im Mund. Stoff. War das alles nicht genauso Stoff?

Allerdings musste keiner der netten Reklamemenschen zum Klauen gehen, um sich den nächsten Rausch antrinken zu können.

Irgendjemand klingelte Sturm an der Wohnungstür. Das brachte sie zur Besinnung. Sie schloss die Fensterflügel.

Wieder war das Sturmläuten an der Tür zu hören.

Aufgeregt schob der Langbeinige ihren Bruder in die Küche. »Mann, reiß dich zusammen!«, flüsterte er, dann zu Simone gewandt. »Bist du clean?«

»Clean?«, fragte sie verdutzt zurück.

»Bullen! Wahrscheinlich sind das die Bullen da draußen. Hab dich nicht so! Wirf den Stoff aus dem Fenster! Los, mach schon! Die gesamte WG ist clean! Selim und Claudia haben alles weggeschafft!«

Simone begriff. So war das also! Mucki glaubte, sie gehöre dazu. Was für ein Gedanke! Sie musste sich nur den zitternden, schweißgebadeten Andy ansehen, dieses Häufchen Unglück, das ihr Bruder sein sollte, um sich zu ekeln!

Ja, sie ekelte sich vor dem eigenen Bruder!

»Nun mach schon!«, drängte Mucki. An der Tür hielt jemand den Daumen auf die Klingel. Es gab nur noch diesen schrillen Klingelton in der Wohnung.

Simone lachte hysterisch auf.

»Ich glaube nicht, dass sie was bei sich hat«, hörte sie Andy weinerlich und elend sagen.

Mucki hetzte zur Wohnungstür. Simone hörte seinen erleichterten Freudenschrei, dann stolperte auch schon Natalie herein.

Dieselben Klamotten wie vor zwei Jahren, stellte Simone fest und spürte, wie sich ihr Ekel steigerte: lila Strickleggins zum feuerroten Haar und die schwarze schäbige Lederjacke.

Natalie keuchte, ihr Gesicht war schmerzverzerrt. »Mann, diese Wahnsinnigen! Halten mich ewig fest in der Zelle, und ausnahmsweise mal sind alle clean! Kein Gramm Stoff im Knast!« Hektisch und mit unkontrollierten Bewegungen riss sie sich die Jacke von den Armen. Ihre Arme waren nackt. Sie trug nur ein schreiendgelbes Achselhemd.

Die Achselhaare verklebt und verschwitzt, die Haut sah aus wie die Haut einer Weihnachtsgans, ehe sie gebraten wird. Simone hatte ein Würgen im Hals.

Der Ekel schlug in Übelkeit um.

»Cold Turkey«, stellte Mucki sachlich fest.

Natalie zitterte wie Andy. »Mann! Ich brauch was! Sofort!« Sie stöhnte, presste die Hände auf den Unterleib, krümmte sich. Mucki drückte sie auf einen Stuhl, schob ihr Andys halb geleerte Bierdose zu: »Da. Damit kannst du dich erst Mal zuschütten! Ist genug da – so was beanstanden sie ja nicht bei einer Razzia!« Er lachte bitter.

Andy stand fahl und blass an die Wand gelehnt.

Natalie trank gierig die Dose leer. Mucki holte die nächste aus dem Kühlschrank.

Da erst entdeckte Natalie Simone. Ihre Augen waren sofort feindselig und hasserfüllt.

»Ich bin schon weg«, beeilte sich Simone zu sagen. Noch zwei oder drei Minuten länger hier in der Küche, und sie musste kotzen. Sie wandte sich zur Tür. Sie wollte fliehen. Aber dann drehte sie sich doch noch einmal um, zögerte, betrachtete Andy und fühlte sich verzweifelt und ohnmächtig. Ein letztes Mal, dachte sie, ich muss es ein letztes Mal versuchen!

»Andy«, sagte sie leise und bittend, »Andy, komm mit! Komm mit, und wir kriegen die Sache schon gemeinsam irgendwie wieder ins Lot!«

Natalie lachte schrill und fing an loszubrüllen, als wäre sie vom wilden Affen gebissen.

»Raus!«, schrie sie, »mach, dass du rauskommst. Du Schlampe! Du Prinzesschen auf der Erbse! Du verwöhnter Fratz! Dir ist dein CD-Player doch mehr wert als dein Bruder! Hau ab, und lass dich nie wieder sehen!«

Andy schüttelte müde den Kopf.

Natalies Gebrüll endete in einem Schmerzensschrei. Sie krümmte sich auf ihrem Stuhl zusammen.

Simone flüchtete.

Nur raus aus der Wohnung! Nur weg!

Sie rannte panisch los.

Die Lederjacke, die immer noch über dem Stuhl hing, hatte sie total vergessen.

7

Aus Andys Zettelkasten:

Himmel + Erde = die Hölle.

Nichts ist wie früher.

Auch der Kick nicht.

Nur noch ein müder Flash.

Natalie verlässt mich …

8

Sie würde zusehen müssen, wie Andy sich langsam, aber sicher umbrachte.

Alles kotzte sie an. Auch sie selbst. Sie kotzte sich selbst an. Sie saß mittendrin im Elend und hatte das Gefühl, nie mehr herauszukommen.

Nichts hatte noch einen Wert. Die Welt war zu Ende.

Am selben Abend bekam Simone hohes Fieber. Morgens hatte sie Halsweh und Schnupfen.

Das Fieber stieg weiter. Irgendwann nahm Simone ihre Umwelt nicht mehr wahr. Sie fiel in Fieberträume.

In einem dieser Träume schleppte Andy eine überdimensionale Spritze an und durchstach damit hämisch lächelnd die Membranhaut einer winzigen Schnecke im Winterschlaf. Simone schrie: »Das darfst du nicht! Jetzt muss sie erfrieren!«

Andy lachte.

Dann war Natalie da und sah mit ihrer feuerroten Löwenmähne so hübsch aus wie vor zwei Jahren. Sie trug ein langes weißes Nachthemd und schwebte wie ein Engel durch den Raum.

Es dauerte vierundzwanzig Stunden, ehe das Fieber sank und Simone wieder zu sich kam. Als sie in die Wirklichkeit zurückkehrte, sah sie die Mutter an ihrem Bett sitzen. Sie kühlte Simones Stirn mit einem feuchten Waschlappen und strich ihr behutsam verklebte Haarsträhnen aus dem Gesicht. »Bist du wach?«

Simone nickte schwach. War heute Sonntag?

»Hast du Hunger? Oder willst du was trinken?«

Simone hatte einen höllischen Durst. Die Zunge klebte am Gaumen.

»Ich hol dir was!«

Die Mutter brachte frisch gepressten Orangensaft. Simone setzte sich mühsam im Bett auf. Sie fühlte sich ziemlich schwach. »Was für ein Tag ist heute?«, fragte sie und trank das Glas Saft mit einem Zug aus.

»Dienstag«, antwortete die Mutter.

»Musst du dann nicht im Geschäft sein?«

Die Mutter zuckte die Achseln.

Am Abend kam auch der Vater. Er schien erleichtert, zu sehen, dass es Simone besser ging. Trotzdem hatte sie das Gefühl, dass ihn irgendetwas beunruhigte.

Die Mutter blieb die ganze Woche zu Hause und kümmerte sich liebevoll um ihre Tochter.

Am Freitag stand Simone zum ersten Mal auf. Sie war noch etwas wackelig auf den Beinen, aber sie wurde gesund.

Sie hatte einen Entschluss gefasst.

Drei Tage lang hatte sie nachgedacht, ruhig und ohne Panik, und sie glaubte einen Weg aus der ganzen verfahrenen Sache gefunden zu haben.

Sie würde zu Sara in die Drogenberatungsstelle gehen und sich ihr anvertrauen. Sie wollte fragen, was sie für Andy tun konnte. Wollte wissen, ob er eine Chance hatte. Und wenn ja: wie sie ihn dazu bringen konnte, sie zu nutzen.

Sonntagabend saß sie mit den Eltern im Wohnzimmer. Sie spielten nach langer Zeit wieder einmal Scrabble, alles schien in Ordnung zu sein.

Aber Simone hatte inzwischen ein Gefühl dafür entwickelt, zu merken, wenn unter der Oberfläche irgendetwas nicht stimmte.

Der Vater hatte das Wort SCHNECKE gelegt, und die Mutter machte daraus SCHNECKENHAUS. Dabei seufzte sie leise. Ohne Simone anzublicken, sagte sie: »Ich glaube, es ist Zeit, über Andreas zu sprechen.«

Von einem Augenblick zum nächsten hämmerte Simones Herz bis in die Halsschlagader.

»Andy?«, fragte sie zurückhaltend.

Der Vater nickte. Auch er vermied es, sie anzusehen.

»Wir wollten mit dir sprechen, ehe wir das tun, was wir tun müssen. Und wir möchten, dass du verstehst, was wir tun werden«, sagte er.

Simone hatte ihr Hammerherz im Hals und blickte vom Vater zur Mutter. Beide machten unglückliche, verlegene Gesichter.

»Was ihr tun müsst?«

»Du hast im Fieber geredet, Simone – bitte, missversteh mich nicht! Niemand von uns wollte dich belauschen!« Jetzt warf ihr die Mutter einen bittenden Blick zu.

»Über Andy geredet?«

»Es war bestimmt schlimm für dich –«, der Vater legte seine große breite Hand auf Simones Hand, in der sie noch einen Scrabblestein hielt. »Und du darfst dir um Himmels willen keine Vorwürfe machen! Wenn jemanden Schuld trifft, dann sicherlich nicht dich, sondern uns. Du bist doch noch ein Kind! Wir hätten merken müssen, was los ist!«

Simone entzog ihm ihre Hand. Ihr Herz hämmerte nicht mehr. Sie fühlte sich auf einmal sehr erwachsen, sehr cool und auch sehr einsam. »Habt ihr aber nicht«, sagte sie zwar leise, aber bestimmt.

Sie wollte kein Mitleid. Und wenn sie eins nicht ausstehen konnte, dann diese Sanftheit des Vaters, die nicht seine Art war.

»Und, was habt ihr vor?«, fragte sie und starrte nun selbst irgendwohin, legte noch das S, das sie in der Hand hielt, an das A vom SCHNECKENHAUS: AS.

Die Mutter holte tief Luft und begann umständlich: »Wir haben lange darüber nachgedacht. Wir haben uns auch mit jemandem beraten, der da Bescheid weiß. Wenn so ein Junge wie Andreas erst mal in die Drogenszene abgerutscht ist, kann er durch gutes Zureden allein nicht mehr herausgeholt werden –«

»Da hilft nur noch Härte«, unterbrach sie der Vater.

»Ja?« Simone blickte den beiden ins Gesicht. Die Mutter sah blass aus.

»Wir wollen, dass du uns verstehst. Wir tun das nicht, um deinem Bruder zu schaden«, der Vater räusperte sich, »wir tun das in der Überzeugung, ihm eine Chance zu geben –«

»Was habt ihr vor?«

»Wir werden ihn morgen bei der Polizei anzeigen. Es ist der einzige Weg, ihn da herauszuholen.«

Simone schrie. Sie schrie wie eine Wahnsinnige. Sie schrie nur ein einziges Wort: »Nein!« Sie schrie immer nur: »Nein!«

Die Eltern waren aufgesprungen, wollten sie in den Arm nehmen, beruhigen, besänftigen.

Simone wehrte sich. Sie schrie und schlug und trat um sich.

Sie kämpfte sich aus den Händen der Eltern frei, rannte aus dem Wohnzimmer, die Treppe hinauf in ihr Zimmer und schloss sich ein.

9

Aus Andys Zettelkasten:

Warum ist in mir drin alles so leer?
Tödlich leer.
Tödlich still.

10

Simone weiß heute, dass es den Eltern damals nicht leichtgefallen war, den eigenen Sohn anzuzeigen. Möglicherweise gab es ja wirklich keinen anderen Weg, und wahrscheinlich wäre Andy ohnehin über kurz oder lang beim Klauen erwischt worden. Ohne Einbrüche und Diebstähle hätte er seinen Drogenbedarf nicht mehr decken können.

Die Polizei griff rasch zu.

Bewaffnet mit Pistolen im Anschlag und einem Polizeihund, begleitet von zwei Beamten der Drogenfahndung und ausgestattet mit einem richterlichen Durchsuchungsbefehl, erschien sie in der WG.

Alle, außer Selim, wurden von dieser Aktion überrascht.

Die Polizisten stellten die Wohnung auf den Kopf: In Claudias Zimmer fanden sie hundert Gramm Haschisch, unter Muckis Matratze zwanzig Gramm Kokain, bei Andy und Natalie zehn Gramm Heroin, verpackt in einem kleinen Klarsichtbeutel, und in Selims Zimmer, abgepackt in große braune Papiersäcke, fünf Kilogramm Marihuana, gerade erst aus der Türkei mitgebracht. Außerdem drei Autoradios, einen nagelneuen Videorekorder, Parfümeriewaren und anderes Diebesgut. Simones Lederjacke war längst verkauft. Bis auf Selim, den cleveren Dealer, der die WG als sicheren und bequemen Umschlagplatz benutzt hatte, wurden alle verhaftet.

Achtundvierzig Stunden wurden sie in verschiedenen Zellen auf der Polizei festgehalten, danach dem Haftrichter vorgeführt, der sie ins Untersuchungsgefängnis nach Ossendorf einwies.

11

Aus Andys Zettelkasten:

Ich will schreien!
Gegen die Stille anschreien!

Teil 6

1

Sara erinnerte sich sofort an Simone, als sie anrief. »Weißt du was, Simone«, sagte sie, »komm doch einfach bei mir vorbei. Ich hab um halb fünf eine halbe Stunde Zeit. Dann können wir reden.«

Die Drogenberatungsstelle hatte ihr Büro in einem alten, heruntergekommenen Patrizierhaus am Ring, zehn Minuten Fußweg von der Springbrunnenanlage entfernt.

Patrizier *ratsfähiger Bürger der deutschen Städte im Mittelalter; hier: reicher Bürger*

Saras Büro war sehr hell und geräumig. An einem der beiden hohen Fenster stand ein mit Papieren vollkommen übersäter Schreibtisch, dazwischen das Telefon und ein blauer Kaffeebecher. An der einen Wand ein Regal mit Büchern und verschiedenen Aktenordnern, an der anderen eine einfache Sitzgruppe.

Als Simone eintrat, war Sara gerade damit beschäftigt, zwei der vier Stühle von irgendwelchen Papierbergen zu befreien.

»Setz dich«, sagte sie freundlich und zeigte auf den Stuhl, den sie bereits freigeschaufelt hatte, »willst du einen Saft oder eine Limo?«

»Saft, bitte.«

Sara hatte sich seit der Projektwoche nicht verändert. Ihre Bewegungen waren schnell, aber nicht hastig. Die Stimme ruhig und immer ein bisschen fröhlich. Irgendwie ging Wärme von ihr aus.

Simone konnte sich vorstellen, bei Sara gut aufgehoben zu sein.

Nachdem auch der zweite Stuhl abgeräumt war, saßen sie sich gegenüber. Sara erkundigte sich nach Katrin und den anderen Mädchen. Sie fragte nicht: Was ist los? Sie drängte nicht.

Sie sprach von der Projektwoche. Sie lachte. Es war ein angenehm tiefes Lachen. »Erinnerst du dich noch an die schmale Ines? Die sonst kaum den Mund aufmachte? Beim Thema ›Traumfrau‹ ist sie echt aus sich rausgegangen!«

Ja, Ines war immer gut für einen Spaß. Während die anderen sich damals ernsthaft geschminkt und zurechtgemacht hatten, hatte sich Ines ein Salatsieb auf den Kopf gesetzt, zwei Möhren hinter die Ohren gesteckt und war im Bikini aufgetreten.

Als Sara sie nun daran erinnerte, musste Simone ebenfalls lachen.

»Nur über ihre echten Probleme«, fuhr Sara ernster fort, »darüber hat Ines eigentlich nie gesprochen!«

Simone atmete auf. Sara hatte ihr das Stichwort gegeben. »Nicht nur Ines. Mir ging's ganz ähnlich.«

Nun fragte Sara. Und eine halbe Stunde war viel zu kurz, alles zu erzählen.

Sara hörte aufmerksam zu und unterbrach nur selten, um nachzufragen, wenn ihr etwas unklar war. Manchmal nickte sie bloß und sagte: »Ja, ja, so läuft das oft.«

Um fünf Uhr klopfte es an der Tür. Sara erwartete den nächsten Besuch.

Simone erschrak: Sie hatte längst noch nicht alles erzählt. Vor allem hatte sie noch nicht gefragt! Sara sollte ihr doch helfen. Ihr den Weg zeigen, den Andy gehen konnte, wenn es für ihn noch eine Chance gab.

Es klopfte ein zweites Mal an Saras Bürotür.

Eine Besucherin trat ein, entschuldigte sich, als sie Simone sah, und zog sich wieder in den Flur zurück.

Sara seufzte leise, beinahe unhörbar.

Simone war verstummt. Sie hatte Angst, Sara würde sie nun einfach wegschicken, so, wie sie andere Besucher sicher auch wegschickte. Sara strich sich mit einer Hand nachdenklich durch die kurz geschnittenen braunen Haare.

»Ich glaube«, sagte sie, »ich glaube, deine Geschichte ist für meine Bürozeit viel zu lang.«

Simone schluckte enttäuscht.

»Was hältst du davon«, fuhr Sara fort, »wenn wir uns morgen noch einmal treffen? Morgen ist Samstag. Wir könnten nachmittags ein bisschen spazieren gehen und alles in Ruhe und ausführlich besprechen?«

»Oh Mann!« Simone hatte sich seit Wochen nicht mehr so gut gefühlt.

Sie verabredeten sich für den nächsten Nachmittag, und zum Abschied meinte Sara ganz nebenbei: »Übrigens, ich hatte schon damals den Eindruck, dass du irgendeinen dicken Kummer mit dir rumschleppst.«

Sie trafen sich im Volksgarten.

Simone war eine Viertelstunde zu früh dran. Alle zwei Minuten schaute sie ungeduldig auf die Armbanduhr.

Sara traf pünktlich ein.

Sie kam mit dem Rad, trug einen dicken schwarzen Winterpullover zur Jeans und rote Wollhandschuhe, rote Mütze und Schal.

Es war ein kalter, klarer Februartag. Über den kahlen Laubbäumen spannte sich ein blassblauer Winterhimmel. Der Atem bildete einen feinen weißen Wolkennebel vor dem Mund.

Sara kettete ihr Stadtrad an. »Erst mal eine Runde zu Fuß durch den Park«, schlug sie vor, »und hinterher brauch ich, glaube ich, noch ’ne schöne heiße Schokolade, okay?«

Sie liefen zwei große Schleifen durch den Park.

Simone hatte gar nicht gewusst, wie leicht es sein kann, im Gehen über komplizierte Dinge zu reden.

Als sie zum zweiten Mal am Ufer des kleinen künstlichen Sees standen, der teilweise zugefroren war, sagte Sara: »Dein Bruder muss es selbst wollen. Er muss selbst da raus wollen. Nur dann klappt es, Simone.«

»Wo raus? Aus dem Knast?«

»Aus dem ganzen Schlamassel, in den er sich hineinmanövriert hat.«

Später saßen sie in einem Bistro in der Südstadt und tranken Kakao aus Riesentassen.

Sara sprach davon, dass jeder Mensch fähig ist, das zu können, was er wirklich will. »Wenn du etwas mehr als hundertprozentig willst, dann kannst du es auch! Und das ist auch das Problem mit Drogenabhängigen. Sie kommen aus dem Teufelskreis nur raus, wenn sie es mehr als hundertprozentig wollen. Das schaffen die meisten nicht. Manchen gelingt es, wenn sie ganz tief unten angekommen sind.«

»Andy ist im Knast«, sagte Simone, »ist das nicht tief genug?«

Zum ersten Mal war Saras Fröhlichkeit verschwunden. Sie sah traurig aus. »Andy hätte vielleicht eine Chance«, sagte sie bedrückt, »er steht noch am Anfang einer sogenannten Drogenkarriere. Aber vielen macht der Knast nichts aus. Er gehört dazu, weißt du, Simone. – Ich kenne Andy ja nicht.«

Als sie sich an diesem Nachmittag trennten, verabredeten sie sich für den nächsten Samstag.

»Ich muss dich noch eine Menge fragen, Sara.«

»Kein Problem. Und wenn irgendwas akut passiert, ruf mich im Büro an.«

2

Die Eltern hatten sich erkundigt. Sie konnten frühestens in vierzehn Tagen damit rechnen, eine Besuchserlaubnis zu bekommen und Andy zu sehen.

Am Montag kursierte in der Schule das Gerücht, Anna wäre zurückgebracht worden. Die Polizei hätte sie irgendwo in Amsterdam auf dem Strich aufgegabelt.

»Ich sag nur ein Wort: Aids!«, kommentierte Katrin.

Simone widersprach: »Woher willst *du* das wissen?!«

»Auf jeden Fall haben ihre Eltern sie in einer teuren Drogenklinik in Frankreich untergebracht! Das hab ich jedenfalls gehört!«, trumpfte Katrin auf.

Simone sagte gar nichts mehr.

In der großen Pause stand Katrin unerwartet neben ihr. Sie hatten schon lange nicht mehr die Pause miteinander verbracht.

»Sag mal«, fing Katrin an, »du kennst dich doch aus mit Drogen und so, jetzt, wo dein Bruder im Knast ist.«

Katrin hängte sich bei Simone ein, wie sie es früher oft getan hatte. Simone war nicht überrascht. Sie hatte damit gerechnet, dass sich Andys Verhaftung schnell in der Schule herumsprechen würde.

»Was willst du wissen?«, erkundigte sie sich.

»Na ja«, Katrin schien echt verlegen, schließlich war Simone einmal ihre beste Freundin gewesen. »Jemand hat mir gesagt, du hättest bei Andy alles von Anfang an mitgekriegt! Stimmt das? – Ich meine: *Mir* hast du nie was erzählt!«

Nun war Simone doch überrascht.

Wer, außer Anna und Michi, wusste Bescheid? Konnte es sein, dass Michi nach wie vor Kontakt zu Leuten aus der Schule hatte?

Wie dem auch sei: Alles, was mit Andy zusammenhing, schien Katrin brennend zu interessieren. Sie wollte Andys Geschichte in allen Einzelheiten erfahren.

Simone erzählte nur zögernd. Sie hatte zu Katrin längst nicht das Vertrauen, das sie Sara gegenüber empfand.

Aber Katrin ließ nicht locker.

»Rasend aufregend!«, erklärte sie und hing nun jede Pause an Simones Arm.

»Wie sieht Hasch aus?«, wollte sie wissen, »wie fühlt sich Marihuana an? Wie macht man das mit dem Heroin?«

Simone war für Katrin zur Expertin in Sachen Drogen geworden. Sie glaubte ihr kein Wort, als Simone wieder einmal versicherte, sie hätte weder gekifft noch sonst was.

»Na ja«, meinte sie großzügig, »ich würde auch niemandem was sagen.«

Zwei Sekunden später wollte sie unbedingt wissen, wie Heroin aussieht.

»Weißes Pulver«, sagte Simone, »wird irgendwie verdünnt, weiß aber nicht, wie. Ich war nie dabei.«

Das enttäuschte Katrin. Trotzdem ließ sie sich lang und breit darüber aus, dass doch jeder weiß, wie gefährlich Drogen sind. »Nur ein Bekloppter rutscht da rein und kommt nicht mehr raus.«

»Andy ist nicht bekloppt!«

»Na ja, vielleicht ist er 'ne Ausnahme.«

3

Die Besuchserlaubnis traf in den ersten Märztagen ein, aber Andy weigerte sich vehement, seine Eltern zu sehen. Er war lediglich bereit, sich von Simone besuchen zu lassen.

Von Sara wusste Simone inzwischen, dass es eine Chance gab, Andy wenigstens aus dem Knast freizubekommen. Wenn er sich freiwillig bereit erklärte, eine Entzugstherapie zu machen, bestand die Möglichkeit, die Haft für den Zeitraum der Therapie aufzuheben.

Später, wenn er erst einmal verurteilt war, hatte er dann sogar die Chance, auf Bewährung entlassen zu werden. Das war alles ungeheuer kompliziert.

»Zuerst«, hatte Sara Simone bei ihrem zweiten Treffen erklärt, »muss er für die Entgiftung einen Platz in einer Spezialklinik haben. Wenn er die Entgiftung durchhält, ohne abzuhauen, hat er den ersten kleinen Schritt getan. Danach kommt der Entzug.«

Sara hatte Simone gebeten, mit ihren Eltern darüber zu sprechen. Und weil Simone ihr vertraute, weil sie das Gefühl hatte, bei Sara aufgehoben zu sein, wie sie es einmal bei Andy gewesen war, tat sie es auch.

Simone hatte befürchtet, die Eltern würden blocken. Doch zu ihrer Überraschung war der Vater einverstanden, Kontakt zur Drogenberatungsstelle aufzunehmen und sich zu informieren.

»Wenn Andreas bereit ist, in eine Entgiftungsklinik zu gehen«, sagte er, »werde ich alles daransetzen, ihm so rasch wie möglich dort ein Bett zu besorgen!«

Als Simone Andy zum ersten Mal im Knast besuchen durfte, machte ihr alles in diesem Untersuchungsgefängnis Angst.

Als Erstes musste sie ihre Besuchserlaubnis und ihren Ausweis vorlegen. Sie hatte nur ihren Kinderausweis.

Danach wurde sie, wie auf einem Flughafen, durch eine Sicherheitsschleuse geschickt. Eine Beamtin tastete ihren Körper ab und ließ den Metalldetektor vom Hals bis zu den Füßen gleiten.

Simone musste den Matchsack öffnen, den sie bei sich hatte, und alle Gegenstände ausbreiten. Dabei kamen auch zwei Tampons zum Vorschein, die sie in dem Sack vergessen hatte. Sie schämte sich.

Von einem Gefängnisbeamten wurde sie in einen großen, hellen Raum geführt. Wie in einer Bahnhofskneipe standen dort Tische und Stühle.

Es war Hochbetrieb.

An jedem Tisch saßen irgendwelche Leute und unterhielten sich. Simone sollte sich an einen leeren Tisch neben dem Fenster setzen und warten. Sie bekam immer mehr das Gefühl, im nächsten Augenblick selbst verhaftet zu werden.

Aber dann wurde Andy durch eine Seitentür eingelassen. Er blickte zögernd über die Köpfe der Leute, blieb stehen und hatte anscheinend gar keine Lust, den Raum zu betreten.

Simone sprang auf, wedelte mit beiden Armen und schrie: »Andy! He, Andy! Hier bin ich!«

Sofort war ein Beamter neben ihr und ermahnte sie: »Fräulein, hier dürfen Sie nicht so herumschreien!«

Warum beeilte sich Andy nicht?

Sie hatten nur eine halbe Stunde Zeit, miteinander zu reden. Mehr Besuchszeit war ihnen nicht erlaubt.

Entschlossen rannte Simone auf ihn zu, kurvte um Tische und Stühle. Die Leute starrten sie verwundert an.

Als sie ihn erreicht hatte, fiel sie ihm um den Hals. Schon lag eine fremde Hand auf ihrer Schulter: »Also, das geht nun wirklich nicht! Sie müssen sich schon entsprechend verhalten, sonst ist die Besuchszeit für Sie jetzt gleich beendet!«

Simone starrte in das kleine mausartige Gesicht einer Frau, die die Uniform des Gefängnispersonals trug.

Andy lächelte gequält. »Sie hat recht.«

Er war abgemagert, das Gesicht aufgeschwemmt, und er sah blass aus. Die Haare kurz geschnitten. Viel zu kurz, fand Simone. Und er trug kein Bärtchen mehr auf der Oberlippe.

»Mensch, Andy!«, sagte sie.

Er sagte gar nichts.

Resopal *unempfindlicher Kunststoff*

Vorschriftsmäßig setzten sie sich an den kleinen Resopaltisch neben dem Fenster und starrten sich eine Weile lang an, als wären sie zwei Idioten.

Simone sah den dünnen Schweißfilm auf Andys Stirn. Sie schob ihre Hand über die Tischplatte, berührte seine Fingerspitzen und spürte das Zittern in seinen Händen. Seine Augen schwammen wieder in einer wässrigen Flüssigkeit.

Diesmal wusste sie Bescheid.

»Hast du Schmerzen?«

»Es geht«, antwortete Andy.

Die unsichtbare Wand, die er vor Monaten zwischen ihnen aufgebaut hatte, schien noch dichter, noch höher geworden zu sein.

Eine Weile lang saßen sie sich einfach nur so gegenüber, ohne noch etwas zu sagen. Andy starrte teilnahmslos über Simones rechte Schulter irgendwohin. Sie betrachtete ihn.

Die halbe Stunde, die ihr so kurz vorgekommen war, dehnte sich zur Ewigkeit.

Um sie herum die Stimmen der anderen Leute. Zwei, drei Kinder wippten auf ihren Stühlen. Sie durften ihre Väter im Knast besuchen.

Unerwartet sagte Andy: »Wie fühlt man sich, wenn man einen Knacki zum Bruder hat?«

Beim dritten oder vierten Besuch erst erzählte er ihr, dass er sich an diesem Nachmittag schäbig und mies vorgekommen war. Dass er sich schämte. Dass er glaubte, nicht mehr wert zu sein als der Müll in einer Abfalltonne.

Aber er fing damals auch schon an, darüber nachzudenken, welchen Ausweg es für ihn geben könnte. Er hatte ihn nur noch nicht gefunden. Davon sagte er Simone an diesem ersten Nachmittag allerdings kein Wort.

Als von der halben Stunde Besuchszeit noch fünf Minuten übrig waren, stand Andy vom Tisch auf. Er war sehr niedergeschlagen. »Sorry«, sagte er, »besser, ich geh jetzt. Es hat ja doch alles keinen Sinn!«

Simone sah, wie er mit hängenden Schultern auf die Tür zusteuerte, durch die er eingelassen worden war.

Sie wartete an dem Resopaltisch, bis sich die Tür hinter Andy geschlossen hatte.

Eine Woche später wurde sie fünfzehn. Sie weigerte sich, diesen Geburtstag zu feiern, und wollte auch keine Geschenke.

4

Aus Andys Zettelkasten:

Wasser in den Ohren.
Feuer im Gehirn.
Einen Wolf im Gedärm.
Das Paradies eine Lüge.
Aber irgendwo muss es doch noch langgehen?

5

Nach den Osterferien stand Simone wieder ganz allein auf dem großen Pausenhof herum.

Sie bemerkte, dass Katrin und Thomas die Pausen mit Tobias und dem dicken Moritz verbrachten.

Einmal kam Katrin quer über den Pausenhof auf sie zu. »Was ist«, sagte sie, »komm doch zu uns rüber. Tobias hat nichts dagegen. Im Gegenteil! Ich glaube, der fährt wieder voll auf dich ab!«

»Tobias?« Simone warf einen Blick auf die Gruppe. Die drei Jungen starrten erwartungsvoll herüber. Moritz war noch genauso fett wie vor einem Jahr, und Tobias hatte sich zum Yuppie in Kleinformat entwickelt.

Yuppie *junger, karrierebewusster, großstädtischer Mensch*

»Nein, danke!«

»Dann nicht.« Katrin zuckte die Schultern, ließ Simone stehen und schlenderte zu den anderen zurück.

6

Ende April hatte es der Vater geschafft, endlich einen Klinikplatz für Andy zu bekommen.

Aus Simones Bekanntschaft zu Sara war in diesen wenigen Wochen so etwas wie eine feste Freundschaft geworden. Sara nahm Simone auf Radtouren mit, ab und zu ins Kino, einmal sogar in ein Kabarett. Sie gingen auch zusammen in die Sauna und ins Hallenbad.

Kabarett *Kleinkunstbühne*

Anfang Mai erklärte sich Andy bereit, von der Nadel endgültig wegzukommen. Er sagte es Simone, als sie ihn wieder einmal besuchte.

Simone nahm diesmal keine Rücksicht auf die Knastvorschriften, sprang auf, lief um den schäbigen Resopaltisch herum und gab Andy einen liebevollen Kuss auf das verschwitzte Gesicht.

Von Sara wusste sie längst, dass Andy, wenn er wollte, auch im Knast an Drogen kam. Er brauchte nur Geld. Und weil er anscheinend davon nie genug hatte, litt er ständig unter Entzugserscheinungen. Deshalb der Schweiß und das Frösteln.

Kaum hatte Simone Andy geküsst, war da auch schon wieder das Mausgesicht, das protestierte.

»Oh Mann«, stöhnte Simone selbstbewusst, »er ist mein Bruder! Ich werde doch wohl meinen Bruder küssen dürfen!« Das Mausgesicht bestand darauf, dass sie sich auf ihren Stuhl setzte.

»Der Wille«, schärfte Simone Andy in den drei Minuten ein, die ihnen von der halben Stunde Besuchszeit noch blieben, »ist das Wichtigste! Du musst es wirklich wollen! Du musst dir dauernd sagen: Ich kann es. Und: Ich will es! Wenn du es mehr als hundertprozentig willst, dann kannst du es auch!«

Ach ja, hatte sie ihm nicht einmal gesagt, er könne sich hundertfünfzigprozentig auf sie verlassen?

Damals hatte sie ohne Ableitung geschworen.

Aber Andy schwor nicht. »Keine Garantie«, sagte er, »nur ein Versuch. Nur weil ich raus will aus diesem Scheißknast.«

7

Aus Andys Zettelkasten:

Seit zwei Tagen keinen Schuss mehr.
Die Hölle.

8

Simone weiß nicht, wie viel Zeit inzwischen vergangen ist. Eine Stunde oder zwei? Oder nur eine halbe? Sie hat das Gefühl, vom langen Sitzen auf dem Teppichboden steif geworden zu sein.

Es muss an der Zeit liegen, nicht am Teppichboden. Der ist dicker, weicher Velours. Beste Qualität. Etwas anderes würden ihre Eltern nie anschaffen. Dass der Teppich eine scheußliche Farbe hat, lassen sie nicht gelten.

»Kackbraun!«, hatte Andy ihn damals bezeichnet. Er war zwölf und Simone acht, als die Eltern dieses Haus kauften und einrichteten. »Kackbraun!«, hatte Simone beigepflichtet und war sich als Echo des großen Bruders ziemlich mutig vorgekommen.

Aber der Vater hatte nur auf Andy reagiert. »Erstens, junger Mann, verbitte ich mir eine derartige Fäkalsprache, und zweitens bezahle *ich* den Teppich, also suche *ich* auch die Farbe aus!«

Fäkalien *der von Mensch und Tier ausgeschiedene Kot und Harn*

Die Mutter hatte etwas von Eleganz gesagt. Selbstverständlich meinte sie den Velours und nicht Andy.

Simone legt die Zettel in den Schuhkarton zurück. Das Puzzle aus Andys Leben ist fertig. Wenigstens bis zu diesem Augenblick. Sie wirft einen Blick auf ihre Armbanduhr. Spätestens in zehn Minuten werden die Eltern vom Geschäft nach Hause kommen. Andy ist inzwischen längst in die Klinik eingeliefert.

Simone weiß, was ihm bevorsteht. Sie hat es sich von Sara erzählen lassen.

Andys Körper muss entgiftet werden. Die ersten Tage werden für ihn wie in der Hölle sein. Er wird gähnen, frieren und schwitzen. Aus den Augen und der Nase tritt unentwegt Schleim. Alle Körperhaare gesträubt, wird er mit seiner Gänsehaut aussehen wie kalter Truthahn – cold turkey. Die Därme werden sich zusammenziehen. Alle Körpermuskeln krampfen. Das und der Dünnschiss, den Andy dann nicht mehr halten kann, verursachen die höllischen Schmerzen. Er wird keinen einzigen Muskel im Körper kontrollieren können.

Sie werden ihm in der Klinik mit Beruhigungsmitteln helfen, mit Schmerzmitteln, mit anderen Medikamenten.

Er wird trotzdem hundsmiserabel elend und allein sein. Sara hat Simone nicht geschont, als sie wissen wollte, was mit Andy geschieht.

Simone steht vom Boden auf, reckt die Arme nach oben, schüttelt die Steifheit aus den Beinen.

Andy wird vierzehn Tage in der Klinik bleiben. Danach wird er auf einen Therapieplatz im »Wendepunkt« warten müssen. Das Warten wird drei Monate dauern. So lange werden ihn die Therapeuten vom »Wendepunkt« ambulant betreuen.

Sara hat es geschafft, Andy für diese Zeit einen Platz in einer Wohngemeinschaft der Drogenhilfe zu organisieren. Nein, er will nicht mehr nach Hause. Er fürchtet sich davor. Die Atmosphäre daheim, meint er, könnte ihn wieder in die gleiche Situation bringen.

Simone hört den Wagen der Eltern in die Garage fahren.

Es ist dämmrig in Andys Zimmer. Die Sonne knallt nicht mehr direkt auf die heruntergelassenen Rollos.

»Simone – bist du zu Hause?« Das ist die Mutter. Sie ruft von unten in den ersten Stock.

»Alles okay!«, antwortet Simone. Sie klemmt sich Andys Zettelkasten unter den Arm und geht hinüber in ihr eigenes Zimmer. Einen Augenblick überlegt sie, wo sie Andys Leben am besten vor den Augen der Eltern verstecken kann.

Er würde ihr niemals verzeihen, wenn die Eltern seine Notizen in die Hände bekämen.

Simone entscheidet sich für die Schreibtischschublade. Verstaut den Karton darin, schließt ab und hängt sich den Schlüssel an das Kettchen, das sie um den Hals trägt.

Dann geht sie hinunter und hilft der Mutter bei der Zubereitung des Abendessens.

Mitten in der Nacht wacht sie schweißgebadet auf. Sie hat von Andy geträumt.

Er stand auf dem Dach eines Hochhauses und wollte hinunterspringen.

Simone knipst das Licht an. Sie muss sich irgendwie beruhigen.

Andy springt nicht von einem Hochhaus, sagt sie sich, er fängt doch jetzt neu an. Er hat den ersten Schritt getan!

Außerdem, sagt eine zweite Stimme ein wenig bitter in ihr, außerdem kennt Andy eine viel einfachere Methode, sich aus dem Leben zu verabschieden: ganz einfach mit einer Überdosis.

Aber Sara hat ihr versichert, dass sich die wenigsten Junkies absichtlich zu Tode spritzen!

Und Andy?

Hatte auf dem ersten Zettel nicht eine Andeutung gestanden?

Andy hatte notiert: »Ich schließe die Augen, und das Unglück verlässt mich.«

Da ist sie wieder, die kleine harte Faust im Magen. Die Angst! Simone lässt die Nachttischlampe brennen.

Sie versucht zu schlafen. Es gelingt nicht.

Am nächsten Morgen bedrängt sie den Vater, in der Entgiftungsklinik anzurufen. Sie will wissen, wie es um Andy steht.

Der Vater ruft an und erfährt, dass es seinem Sohn den Umständen entsprechend schlechtgeht.

Aber er lebt!

Simone atmet auf.

Drei Monate lang wird sie ihn nicht sehen können. Aber wenn er dann Mitte August in die stationäre Therapie in

Wesseling geht, wird er die ersten sechs Wochen gar keinen Kontakt zur Außenwelt haben dürfen. Sechs Monate muss er in dieser Klinik verbringen. Erst in den letzten beiden Monaten wird er sich wieder Simone und dem echten Leben zuwenden können.

Eine lange Zeit.

Eine Ewigkeit!, denkt Simone. Es tut weh, sich die neue Situation vorzustellen, aber sie weiß, dass Andy nur über diesen Weg eine Chance hat, vom Heroin loszukommen.

Irgendwann wird auch das Gerichtsverfahren gegen ihn stattfinden, wegen Drogenhandels und Diebstahls.

Wenn Andy wirklich beides schafft – die Entgiftung und den Entzug – und auf einen einsichtigen Richter trifft, wird er nicht in den Knast zurückmüssen. Es gibt die Möglichkeit, die Strafe auf Bewährung auszusetzen, damit er den Neuanfang schafft.

Neu anfangen muss er. Ganz von vorn. Er muss sich noch einmal abseilen ins eigene Leben.

In ein anderes eigenes Leben.

Materialien

TIC TAC TOE
Warum?

Wir kannten uns seit Jahren,
sind zusammen abgefahren,
uns gehörte die Welt
und dafür brauchten wir kein Geld.
Wir hab'n uns einfach treiben lassen,
wir wollten nichts verpassen,
wir wollten nicht so werden,
wie die Leute, die wir hassen.
Nur ein Blick von dir und ich wusste genau,
was du denkst, was du fühlst,
dieses große Vertrauen unter Frauen
das hat mich umgehauen,
es war völlig klar,
ich konnte immer auf dich bauen.

Keine Party ohne uns,
immer mittenrein, dazusein,
wo das Leben tobt ohne jedes Verbot.
Sie war geil, diese Zeit,
wir waren zu allem bereit
und wenn ich heute daran denke
und es tief in mir schreit,
tut es mir leid,
dass ich nicht härter zu dir war,
denn ich ahnte die Gefahr,
sie war da, sie war nah,
sie war kaum zu übersehen,
doch ich wollte nicht verstehen,
der Wind hat sich gedreht,
es ist zu spät.

Und warum? Und warum? Und warum?
Nur für den Kick für den Augenblick?
Und warum? Und warum? Und warum?
Nur für ein Stück von dem falschen Glück?
Und warum? Und warum? Und warum?
Nur für den Kick für den Augenblick?
Und warum? Und warum? Und warum?
Du kommst nie mehr zurück!
Komm zurück!

Ab und zu mal einen rauchen,
mal in andere Welten tauchen,
das war ja noch OK, was ich gut versteh',
doch dann fing es an mit den Sachen,
die waren weniger zum Lachen,
doch du musstest sie ja machen.
Ich stand nur daneben,
konnte nicht mehr mit dir reden,
alles was du sagtest war,
das ist mein Leben.
Mein Leben, das gehört mir ganz allein,
und da mischt sich keiner ein.
Lass es sein, lass es sein,
das schränkt mich ein.
Ich sah dir in die Augen,
sie waren tot, sie waren leer,
sie konnten nicht mehr lachen,
sie waren müde, sie waren schwer.
Du hattest nicht mehr viel zu geben,
denn in deinem neuen Leben
hattest du dich voll und ganz an eine fremde Macht ergeben.
Geld Geld Geld, nur für Geld hast du dich gequält,
um es zu bekommen,

wie gewonnen, so zerronnen,
dafür gingst du auf'n Strich,
aber nicht für dich,
sondern nur für deinen Dealer,
mit dem Lächeln im Gesicht.

Und warum? Und warum? Und warum?
Nur für den Kick für den Augenblick?
Und warum? Und warum? Und warum?
Nur für ein Stück von dem falschen Glück?
Und warum? Und warum? Und warum?
Nur für den Kick für den Augenblick?
Und warum? Und warum? Und warum?
Du kommst nie mehr zurück.
Komm zurück! Komm zurück! Komm zurück!

Geld Geld Geld, nur für Geld hast du dich gequält,
um es zu bekommen, wie gewonnen, so zerronnen,
dafür gingst du auf'n Strich,
aber nicht für dich,
sondern nur für deinen Dealer,
mit dem Lächeln im Gesicht.
Und warum?

KONSTANTIN WECKER
Kokain

Meine Seele löst sich, fliegt dahin.
Kokain, Kokain.
Will nicht bleiben, will nicht fliehn.
Kokain, Kokain.
Wenn im Winter Wiesen blühn.
Kokain, Kokain.
Höllenfeuer übern Himmel ziehn.
Kokain, Kokain.

Hol mich raus, ich kann nicht mehr,
alles Leichte wird so schwer,
und was gilt, das geht dahin.
Kokain, Kokain.

Schwäne singen in den Tuilerien.
Kokain, Kokain.
Abgehangen in den Galaxien.
Kokain, Kokain.
Eingesperrt in meinen Phantasien.
Kokain, Kokain.
Weiß nicht mehr, woher, wohin.
Kokain, Kokain.

Hol mich raus, ich kann nicht mehr,
alles Leichte wird so schwer,
und was gilt, das geht dahin.
Kokain, Kokain.

Tuilerien *Parkanlage in Paris*

Galaxien *Sternensysteme außerhalb der Milchstraße*

Bin nicht wirklich, bin nur ausgeliehn.
Kokain, Kokain.
Nur noch Nacht, wo früher Sonne schien.
Kokain, Kokain.
Baust mich auf und bist doch mein Ruin.
Kokain, Kokain.

Hol mich raus, ich kann nicht mehr,
alles Leichte wird so schwer,
und was gilt, das geht dahin.
Kokain, Kokain.

Alles Leichte wird so schwer,
und was gilt, das geht dahin.
Kokain, Kokain.

John Lennon

Cold Turkey

Temperature‘s rising
Fever is high
Can‘t see no future
Can‘t see no sky

My feet are so heavy
So is my head
I wish I was a baby
I wish I was dead

Cold turkey has got me on the run

My body is aching
Goose-pimple bone
Can‘t see no body
Leave me alone

My eyes are wide open
Can‘t get to sleep
One thing I‘m sure of
I‘m in at the deep freeze

Cold turkey has got me on the run

Cold turkey has got me on the run

Thirty-six hours
Rolling in pain
Praying to someone
Free me again

Oh I'll be a good boy
Please make me well
I promise you anything
Get me out of this hell

Cold turkey has got me on the run
Oh, oh, oh, oh

Arbeitsanregungen

1. Besorgt euch die Songs und spielt sie in der Klasse vor. Was für eine Stimmung wird jeweils erzeugt?
2. Welcher Song gefällt euch am besten? Warum?
3. Schaut euch die Texte genauer an: Beschreibt, worum es eurer Meinung nach geht.
   Den Text von John Lennon müsst ihr dazu natürlich sinngemäß übersetzen. Schlagt Wörter, die ihr nicht kennt, im Wörterbuch nach.
4. Wählt einen der drei Songs aus und schreibt einen ausführlichen Kommentar dazu (Inhalt, vermutete Absicht des Songschreibers, eure Meinung dazu, evtl. eine Fortführung der Gedanken).
5. In der Musikszene spielen Drogen oft eine große Rolle. Kennt ihr noch weitere Beispiele, in denen Künstler Sucht zum Thema machen? Tragt in der Klasse zusammen und tauscht euch darüber aus, warum Drogen in der Künstlerszene so weit verbreitet scheinen.

Drogenmissbrauch in Zahlen

Tabak

16,7 Millionen Menschen in Deutschland rauchen (9,5 Mio. Männer und 7,2 Mio. Frauen). 7 Prozent davon sind weniger als 15 Jahre alt. Besorgnis erregend ist der zunehmende Anteil an jugendlichen Rauchern und rauchenden Frauen. Ein besonders ernst zu nehmendes Problem dieser Entwicklung ist die Zunahme von Lungenkrebs, sie beträgt im Mittel 3,5 % pro Jahr. 1998 starben 9.000 Frauen an dieser hauptsächlich auf das Rauchen zurückzuführenden Erkrankung.
Bei den Jugendlichen sind ein Viertel ständige Raucherinnen und Raucher, mit etwa gleich vielen Mädchen und Jungen. Jährlich sterben in Deutschland mindestens 110.0000 Menschen vorzeitig an den Folgen des Tabakkonsums.

Alkohol

90 % aller Bundesbürger haben Erfahrungen mit Alkohol, rund ein Drittel trinkt regelmäßig, ein kleinerer Teil täglich. Insgesamt gibt es über 9 Mio. Menschen mit gravierenden Alkoholproblemen, davon 1,6 Mio. mit einer Alkoholabhängigkeit, von denen sich noch immer nur ein kleiner Teil in einer Behandlung befindet. Über 42.000 alkoholbedingte Todesfälle sind jährlich zu beklagen. Die Behandlung beginnt meist zu spät, in der Regel erst 5 bis 10 Jahre nach Beginn einer Abhängigkeit.

Medikamente

Arzneimittelmissbrauch ist ein weit verbreitetes gesellschaftliches Problem, das häufig zur Abhängigkeit führt. 6–8 % aller verordneten Arzneimittel haben das Potenzial, eine Abhängigkeit zu erzeugen. Die Zahl der Medikamentenabhängigen ist beachtlich: 1,5 Mio. Menschen sind davon betroffen, davon sind zwei Drittel Frauen. Insbesondere Schlaf- und Beruhigungsmittel, Lifestyledrogen (Appetitzügler, Anabolika) und Schmerzmittel werden zu sorglos eingenommen und oft missbräuchlich verwendet. Auch die Verschreibung von Schmerzmitteln oder Methylphenidat (Ritalin, zur Behandlung des Zappelphilipp-Syndroms) an Kinder und Jugendliche ist in den letzten Jahren stark angestiegen.

Opiate

Es gibt in Deutschland schätzungsweise 150.000 Menschen, die von Heroin und anderen Opiaten abhängig sind. Im Jahr 2002 ist die Zahl der Todesfälle, die auf den Konsum illegaler Drogen zurückzuführen sind, auf 1.513 gesunken; im Jahr 2000 wurden noch 2.030 und im Jahr 2001 noch 1.835 Drogentote gezählt. Das ist auch der Bereitstellung und zunehmenden Akzeptanz von Drogenkonsumräumen zu verdanken. Dort können Opiatabhängige ihr Suchtmittel unter ärztlicher Aufsicht zu sich nehmen, die Versorgung für den Notfall ist sofort einsatzbereit.

Cannabis

Cannabis ist die illegale Droge mit den meisten Konsumenten. Über ein Viertel aller Jugendlichen hat damit Erfahrungen. Rund zwei Millionen vor allem junge Menschen konsumieren regelmäßig Cannabis, rund zweihunderttausend sind davon abhängig.

Partydrogen und Kokain

In der Party- und Technoszene ist die Häufigkeit von Cannabis- und Ecstasykonsum nahezu zehnmal so hoch wie in der gleichen Altersgruppe außerhalb dieser Szene. Rund eine halbe Mio. hauptsächlich junger Menschen konsumieren so genannte »Partydrogen« wie Ecstasy, zumeist in Mischung mit anderen illegalen Suchtmitteln wie Cannabis und Kokain, aber auch mit legalen wie Alkohol. 300.000 Menschen konsumieren regelmäßig Kokain oder Crack. In einigen größeren Städten nimmt der Crackmissbrauch zu.

ARBEITSANREGUNGEN

1. Lies den Text durch und schreibe die Informationen heraus, die dir besonders wichtig sind.
2. Bei einigen Drogen wird besonders auf junge Menschen eingegangen. Fasse die Ergebnisse, die junge Menschen betreffen, mit eigenen Worten kurz zusammen.
3. Lege einen Stichwortzettel an und notiere zu jeder Droge, wie viele Menschen von ihr abhängig sind.
4. Gestalte mit den Zahlen aus Aufgabe 3 ein Säulendiagramm mit dem Titel »Drogenabhängige in Deutschland« und beschrifte es.

Die Risiken des Drogenkonsums

Akute Risiken

Bei den akuten Risiken ist in erster Linie die erhöhte Unfallgefahr unter Drogeneinfluss zu nennen. Fast alle Drogen verändern die Reaktionsfähigkeit und beeinträchtigen die Wahrnehmung, viele erhöhen die Risikobereitschaft. Wer unter Drogeneinfluss steht, sollte deshalb auf keinen Fall am Straßenverkehr teilnehmen oder Maschinen bedienen. Überdosierung ist das zweite große Risiko. Häufig wehrt sich der Körper mit Übelkeit und Erbrechen. Es sind jedoch auch tödliche Vergiftungen möglich. Bei betäubenden Mitteln kann es, vereinfacht gesagt, zum allmählichen Stillstand der Lebensfunktionen kommen – man wird bewusstlos und hört auf zu atmen. Bei aufputschenden Mitteln kann ein Zusammenbruch des übererregten Herz-Kreislauf-Systems zum Tod führen.

Besonders gefährlich ist die Kombination mehrerer Drogen. Wer z. B. Alkohol trinkt und gleichzeitig Cannabis raucht, erlebt möglicherweise unberechenbare Stimmungsumschwünge und häufig Schwindelanfälle. Illegale Drogen werden von Händlern mit Beimischungen gestreckt, welche von Backpulver und Tapeten-Kleister bis zu Rattengift reichen können. Dadurch kann ein unkalkulierbares Risiko entstehen, wenn bei einer besonders »sauberen« Substanz eine viel zu hohe Dosierung gewählt wird, die tödlich sein kann.

Langzeitfolgen

Die längerfristigen Gefahren sind je nach Droge verschieden. Eine Gefahr besteht jedoch immer: sich so sehr an die Wirkungen der Droge zu gewöhnen, dass es unmöglich scheint, auf sie zu verzichten, das heißt: psychisch abhängig zu werden.

Abhängigkeit

Der Druck, die Droge zu nehmen, wird dann übermächtig. Gesundheitliche Gefahren, finanzielle Engpässe, Gesetze, Freundschaften, bisherige Hobbys und Interessen – alles das zählt nicht mehr. Kann die Droge nicht eingenommen werden, wird man nervös, unruhig und kann an nichts anderes mehr denken. Schließlich ist man bereit, zu stehlen, zu betteln, sich gar zu prostituieren, um Geld für die Droge beschaffen zu können. Nach und nach geht es nur noch darum, die tiefe Missstimmung zu vermeiden, die durch das Fehlen der Droge entsteht. Wenn irgend möglich, legen Abhängige deshalb einen Vorrat ihrer Droge an. (Da Alkohol und Nikotin sowie Medikamente legal und fast jederzeit verfügbar sind, kommt es ihretwegen selten zu derart krassem Verhalten. Das heißt aber nicht, dass Abhängige von diesen Drogen durch ihre Sucht nicht auch zu derartigem Verhalten getrieben werden könnten.)
Bei einer Reihe von Drogen besteht zudem die Gefahr körperlicher Abhängigkeit. Körperliche Abhängigkeit ist die Gewöhnung des Organismus an die Droge. Auf die ständige Einnahme reagiert er mit einer Gegenregulation des Stoffwechsels, sodass paradoxerweise das Ausbleiben der Droge zu Fehlfunktionen führt. Diese werden als Absetzphänomene bzw. Entzugserscheinungen bezeichnet (z. B. Unruhe, Aggression, Schwitzen, Kreislaufstörungen, Kollaps etc.).
Psychische Abhängigkeit ist das übermächtige Verlangen, die Droge einzunehmen. Körperliche Abhängigkeit ist die Gewöhnung des Organismus an die Droge.

ARBEITSANREGUNGEN

1. Lies den Text und schreibe die Wörter heraus, die du nicht kennst.
2. Kläre unbekannte Wortbedeutungen aus dem Textzusammenhang. Wenn dir das nicht gelingt, dann schlage im Wörterbuch nach.
3. Welche der im Text beschriebenen Auswirkungen kennst du aus den Beschreibungen des Drogengebrauchs von Natalie und Andy? Welche Risiken waren dir bisher nicht bekannt?
4. Viele Drogenabhängige müssen sich prostituieren, um an das Geld für die Drogen zu kommen. Prostitution birgt allerdings weitere Gefahren für die Gesundheit der Drogenkonsumenten wie z. B. die, sich mit HIV oder Hepatitis B oder C zu infizieren. Aber auch durch die Benutzung gemeinsamer Nadeln kann es zur Infizierung mit diesen Viren kommen. Erkundige dich über eine dieser Krankheiten (z. B. im Internet) und schreibe einen kurzen, informierenden Text.

Kleines Drogenlexikon

Nikotin (legal)

Herkunft: Nikotin ist eine Substanz der Tabakpflanze.
Wirkung: Nikotin führt in geringen Dosen zur Verengung der Herzkranzgefäße, Erhöhung des Blutdrucks und Steigerung der Magen- und Darmtätigkeit. Bei höheren Dosen kann es zum Tod durch Atemlähmung oder Lungenkrebs kommen.
Suchtpotential: Nikotin kann körperlich abhängig machen.

Cannabis-Produkte (illegal)

Herkunft: Marihuana besteht aus den getrockneten Blättern, Haschisch aus dem Harz der Blattdrüsen der Hanfpflanze.
Wirkung: Cannabis enthält Tetrahydrocannabinol (THC), das leichte Euphorie, innere Ausgeglichenheit und gesteigertes Wohlbefinden hervorruft. Bei höheren Dosen kann es zu Halluzinationen, Depressionen und Angstgefühlen kommen.
Suchtpotential: Die euphorisierende Wirkung kann zu seelischer Abhängigkeit führen. Eine körperliche Abhängigkeit entwickelt sich bei länger anhaltendem Konsum.

Schlafmittel (legal)

Herkunft: Schlafmittel sind synthetische Substanzen (zum Beispiel Barbiturate).
Wirkung: Schlafmittel dämpfen das zentrale Nervensystem und erleichtern das Einschlafen. Der Tablettenschlaf ist allerdings weniger erholsam als der natürliche Schlaf.
Suchtpotential: Bei längerer Einnahme besteht Suchtgefahr.

Kokain/Crack (illegal)

Herkunft: Kokain wird aus den Blättern des Kokastrauches gewonnen. Mit Salzsäure kann es leicht in Cocainhydrochlorid (Koks, Schnee) überführt werden.
Wirkung: Kokain wirkt aktivitätssteigernd, euphorisierend und enthemmend. Kokain-Konsum kann zu schweren Depressionen, Herzrhythmusstörungen, Herzinfarkt, Schlaganfall und epileptischen Anfällen führen. Eine zu hohe Dosis kann tödlich sein.
Suchtpotential: Kokain macht stark psychisch abhängig. Auch eine körperliche Abhängigkeit entsteht.

Heroin (illegal)

Herkunft: Heroin wird durch chemische Synthese aus Morphin oder Opium, dem Extrakt des Schlafmohns, gewonnen.
Wirkung: Heroin bewirkt Ausgeglichenheit, Angstfreiheit und Verminderung des Schmerzempfindens. Längerer Konsum führt zu Gehirnschäden, Abnahme der Intelligenz und Persönlichkeitsabbau. Eine zu hohe Dosis kann tödlich sein.
Suchtpotential: Heroin ist extrem Sucht erzeugend. Es führt zu starker körperlicher und psychischer Abhängigkeit. Die Behandlung der Sucht ist sehr schwierig.

Methadon (legal)

Herkunft: Methadon wird synthetisch hergestellt.
Wirkung: Methadon ist ein starkes Schmerzmittel. Es wird als Heroinersatz bei Süchtigen eingesetzt. Methadon hat jedoch nicht die euphorisierende Wirkung der Opiate.
Suchtpotential: Methadon macht psychisch abhängig.

LSD (illegal)

Herkunft: LSD (Lysergsäurediäthylamid) wird synthetisch hergestellt.
Wirkung: LSD verändert das Empfinden und führt zu Sinnestäuschungen bis hin zu voll entwickelten Halluzinationen. Das Gefühlsspektrum reicht von Euphorie bis zu Angst oder sogar Panik. Psychosen sind möglich.
Suchtpotential: LSD macht stark psychisch abhängig.

ARBEITSANREGUNGEN

1. Weitere Informationen findest du im Internet, z. B. unter www.drogen-und-du.de oder www.drug-infopool.de.
2. Lege ein eigenes Drogenlexikon an. Schreibe zu jeder Droge, die du aufnehmen willst, einen kurzen Informationstext. Deine Texte können natürlich auch anders aufgebaut sein als in den Beispielen auf den vorangegangenen Seiten.
3. Du kannst auch das kleine Lexikon ergänzen, z. B. mit den Drogen Alkohol, Ecstasy oder Amphetamine (Speed).

Vertrag gegen das Rauchen

Falls du rauchst: Wolltest du auch schon einmal oder öfter mit dem Rauchen aufhören?
Ist es dir allein nicht gelungen?

Vielleicht versuchst du es noch einmal gemeinsam mit deinen Freunden, die du von deinem Vorhaben überzeugen kannst. Gemeinsam seid ihr stärker, doch für den eigenen Erfolg bleibt jeder selbst verantwortlich.
Schließe einen Vertrag mit dir selbst und mache damit dein Nichtrauchen ganz offiziell. Dadurch zeigst du, dass du die Sache ernst nimmst.

Verbindlicher Vertrag mit mir selbst

Ich ______________________________________
(setze hier bitte deinen Namen ein)
erkläre mich mit diesem Vertrag ab dem

Datum ____________________________________
(setze hier bitte den von dir festgelegten Tag ein)

zum absoluten Nichtraucher.

Sobald ich unter Druck gerate, zu rauchen, verfahre ich nach dem Motto:

Tu etwas,
und zwar sofort!

Führe ich mein Vorhaben zusammen mit Freunden durch, spreche ich regelmäßig mit ihnen über meine Erfahrungen.

Der Vertrag kann nur schriftlich mit einer Kündigungsfrist von 7 Tagen aufgelöst werden.

Der Stolz darauf, Nichtraucher zu sein, ist meine Belohnung.

Mit meiner Unterschrift besiegele ich die Verbindlichkeit des Vertrages.

Ort: ________________ Datum: ________________

Unterschrift: ______________________________

Zeugen: ___________________________________

Jörg Böckem

Lass mich die Nacht überleben

Als ich die Augen öffnete, erlitt ich den schlimmsten Schock meines bisherigen Lebens. Ich sah mich um. Sah die blaue Metalltür, eine fleckige Kloschüssel aus Edelstahl, ohne Brille, darüber ein Waschbecken mit einem Stück Kernseife und einem Handtuch, einen Tisch und einen Hocker, im Boden vernietet. Über mir ein Fenster, mit Glasbausteinen vermauert. Rechts und links die Zellenwände, so nah, dass ich, wenn ich auf der Pritsche lag, nur Arme und Beine ausstrecken musste, wollte ich beide berühren. Mit einem Schlag waren der Schlaf und die letzten Drogenreste aus meinem Kopf verschwunden. Die Erinnerung an die vergangene Nacht überfiel mich, zum ersten Mal ungefiltert. »Ach du Scheiße«, dachte ich nur. »Oh verdammte Scheiße.«

Nach einer Nacht auf Droge ging es mir am nächsten Morgen häufig dreckig, ich fühlte mich dann wie ausgesaugt, in meinem Gehirn ein Flimmern und Rauschen, und mein Körper schien Tonnen zu wiegen. Dieser Zustand endete normalerweise spätestens mit dem ersten Druck. Doch dieses Mal war keine Erlösung in Sicht, und die Zellenwände schienen mein Elend zu reflektieren und in vielfacher Stärke auf mich zurückzuwerfen.

Die Zellentür öffnete sich. Der Beamte gab mir zu verstehen, ich solle die Gummiauflage und die Wolldecke von meiner Betonpritsche nehmen und hinausbringen. Draußen reihte ich mich in eine Schlange ein. Erik stand einige Schritte weiter vorne. Als er seine Matratze abgegeben hatte, ging er auf dem Rückweg in seine Zelle an mir vorüber. Er blieb stehen, wollte mit mir reden. Der Beamte schob ihn weiter. Sein aschfahles Gesicht sah ich noch vor mir, als sich die Zellentür schon lange hinter ihm geschlossen hatte. Ich händigte die Gummimatratze und Wolldecke einem anderen Beamten aus, er schloss sie in einen Lagerraum ein. Dann wurde ich wieder in meine Zelle gebracht. Ich saß apathisch auf der Betonpritsche, meine Gedanken kreisten in einer Endlosschleife um immer den gleichen Satz: »Sie haben uns tatsächlich erwischt.«

Bisher war die Gefahr, verhaftet zu werden, für uns nicht viel mehr gewesen als ein zusätzlicher Reiz. Verbrechen und Drogen waren mir einfach nur als ein wilder Spaß erschienen und unsere Einkaufstouren als eine Art Katz-und-Maus-Spiel mit Polizisten und Zöllnern. Wir wussten natürlich, dass wir auch verlieren konnten, aber wir hatten nie wirklich daran geglaubt. Jetzt saß ich in einer Zelle im Amsterdamer Polizeipräsidium. Ich war 19 Jahre alt, in drei Tagen sollte meine mündliche Abiturprüfung stattfinden. Doch in diesem Moment schien mir ein Leben, in dem so etwas wie ein Schulabschluss existierte, in unerreichbare Ferne gerückt.

Zum ersten Mal dämmerte mir, dass wir uns möglicherweise geirrt hatten. Dass Drogen mehr waren als nur ein aufregendes Spielzeug, mit dem wir anstellen konnten, was immer uns gefiel. Ich hatte die Kontrolle verloren. Meine Zukunft begann, sich aufzulösen wie in einem Säurebad. Ich wollte mit den Drogen der Enge eines bürgerlichen Lebens in der Kleinstadt entfliehen, und nun saß ich in einer Gefängniszelle.

Irgendwann öffnete sich eine Luke in der Zellentür, der Wärter reichte mir mein Frühstück. Zwei labberige Weißbrote, mit buntem Zuckerstreusel belegt, dazu Milchkaffee in einem Pappbecher. Die Luke schloss sich. Ich war wieder allein mit meiner Angst und meiner Verzweiflung. Minutenlang wand ich mich auf der nackten Betonpritsche, bis ich endlich eine nicht allzu schmerzhafte Position gefunden hatte. Starrte an die Wände und versuchte, in dem verschwommenen Grau hinter den Glasbausteinen einen Hinweis auf die Uhrzeit zu finden, das Wetter, irgendetwas, das mich mit der Welt da draußen verband. Bis ich resigniert die Augen schloss und mich in den Schlaf flüchtete.

Ein lautes Knirschen weckte mich. Die Luke in der Tür wurde wieder geöffnet. »Mittagessen«, sagte der Mann hinter der Tür, dieses Mal bekam ich eine Plastikschüssel, gefüllt mit einem undefinierbaren Reisgericht, und einen Plastiklöffel. Das Frühstück nahm er wieder mit. Ich hatte es nicht angerührt. Obwohl ich meine letzte Mahlzeit am Nachmittag des Vortages zu mir genommen hatte, mochte ich auch jetzt nichts essen. Ich stocherte nur in meinem Reis, hob einen Löffel davon an die Lippen, konnte mich aber nicht überwinden, den Mund zu öffnen. Mir war übel, das Essen stank und es sah unappetitlich aus. Ich stellte die Schüssel beiseite und starrte wieder die Wände an. In einer der Nachbarzellen schlug jemand gegen die Stahltür und schrie nach Methadon, einem Heroinersatzstoff, der die Entzugssymptome verschwinden ließ. Wenn die Schläge und Schreie verstummten, konnte ich hören, wie er würgte und sich übergab. Er gab erst Ruhe, als sie ihm einen Arzt in die Zelle schickten. Glücklicherweise hielten sich meine Entzugsschmerzen zu dieser Zeit noch in Grenzen. Schwitzen, Frieren, Müdigkeit und Gliederziehen wie bei einer leichten Grippe, das war alles. Da ich erst seit etwas mehr als einem Jahr drückte und nicht täglich Heroin nahm, hatte sich die Droge noch nicht vollständig in meinem Körper festgebissen.

Ich hatte keine Vorstellung, wie viele Stunden vergangen waren, als meine Zellentür geöffnet wurde. Ein Polizei-

beamter trat ein. »Umdrehen«, befahl er und legte mir Handschellen an. Anschließend führte er mich aus der Zelle, seine Hand auf meiner Schulter. »Wohin gehen wir?«, fragte ich. »Wirst du schon sehen«, antwortete er und schob mich durch die Korridore der Polizeiwache. Niemand schien von mir Notiz zu nehmen. In einem der Büros konnte ich eine Uhr erkennen, sie zeigte kurz vor drei.
Der Raum, in den er mich brachte, erschien mir vage vertraut. Ein Tisch, drei Stühle, ein Aufnahmegerät. In so einem Raum, erinnerte ich mich, war ich schon in der Nacht zuvor verhört worden. Dieses Mal ein anderer Beamter, der im Wesentlichen die gleichen Fragen stellte. Ich gab im Wesentlichen die gleichen Antworten. Nur fragte er genauer, verlangte nach Details. Hatte der Vermittler uns angesprochen oder wir ihn? Waren uns bei dem Dealer noch andere Kunden aufgefallen? Ich beantwortete alle Fragen, so gut ich konnte und so vage wie möglich. Nur, dass er mir jetzt deutlich zu verstehen gab, wie wenig er daran glaubte, dass Ben an unserem Deal völlig unbeteiligt gewesen sein sollte. Noch viel weniger glaubte er mir, dass die gesamte Drogenmenge für den Eigenkonsum bestimmt war. »Wir haben Sie auf dem Weg zur Grenze verhaftet«, sagte der Beamte am Ende des Verhörs. »Sie haben zugegeben, dass Sie die Drogen gekauft haben und nach Deutschland ausführen wollten. Also werden wir Sie wegen internationalen Drogenhandels vor den Schnellrichter bringen. Bis ein Verhandlungstermin festgelegt ist, bleiben Sie hier. Dann werden Sie in die Untersuchungshaft verlegt. Möchten Sie mit einem Anwalt reden?« Ich nickte nur stumm mit dem Kopf, seine Worte hatten mir die Sprache verschlagen.
Wie ferngesteuert ließ ich mich zurück in meine Zelle führen, ich nahm nichts von dem wahr, was um mich herum geschah. Die Worte »internationaler Drogenhandel«,

»Schnellrichter« und »Untersuchungshaft« hallten noch in meinem Kopf wider, als sie mir das Abendessen brachten. Einige Zeit später öffnete sich die Tür erneut, ich wurde aufgefordert, die Zelle zu verlassen und meine Matratze wieder aus der Kammer zu holen. Mechanisch folgte ich allen Anweisungen. Kurz darauf erlosch das Licht. Ich lag noch lange wach und starrte in die Dunkelheit. Mir war, als sei ich aus der Welt gefallen.

ARBEITSANREGUNGEN

1. Trage die Informationen aus dem Text zusammen:
   - Wo befindet sich der Ich-Erzähler?
   - Warum ist er dort?
   - Was ist genau passiert?
   - Mit wem ist er dort?
   - Wie wird er behandelt?
   - Wie fühlt er sich?
2. Der Ich-Erzähler wacht in einer Gefängniszelle auf. Plötzlich sieht er seinen Umgang mit Drogen in einem anderen Licht.
   Beschreibe, was sich für ihn verändert hat und warum.
3. Versetze dich in die Situation des Ich-Erzählers und stell dir vor, du wachst in einer Gefängniszelle auf und weißt nicht, wie lange du dort bleiben wirst. Schreibe einen Text über deine Gedanken und Gefühle.

CHRISTIANE F.

Wir Kinder vom Bahnhof Zoo

Meine Familie war die Clique. Da gab es so was wie Freundschaft, Zärtlichkeit und irgendwie auch Liebe. Schon der Kuss bei der Begrüßung gefiel mir eben wahnsinnig. Jeder küsste jeden zärtlich und freundschaftlich. Mein Vater hatte mich nie so geküsst. Probleme gab es in der Clique nicht. Wir redeten nie über unsere Probleme. Keiner belästigte den anderen mit seinem Scheiß zu Hause oder auf der Arbeit. Wenn wir zusammen waren, gab es für uns die miese Welt der anderen gar nicht. Wir redeten über Musik und Dope. Manchmal über Kleidung und manchmal über Leute, die der Bullengesellschaft in den Hintern traten. Wir fanden jeden gut, der einen Bruch macht, ein Auto klaut oder eine Bank ausraubt.

Nach dem Trip fühlte ich mich echt wie die anderen aus der Clique. Der Trip war unheimlich Schau gewesen. Ich war froh, dass ich nicht auf Horror gekommen war. Die meisten kommen bei der ersten Pille auf einen Horrortrip. Aber ich hatte das ganz cool durchgestanden. Ich fühlte mich bestätigt. Ich nahm die Pille jetzt, wenn ich sie bekam.

Ich kriegte zu allem ein ganz neues Verhältnis. Ich ging auch wieder in die Natur. Früher war ich mit meinem Hund in die Natur gegangen und hatte auch irgendwie durch den Hund die Natur erlebt. Nun zog ich vorher eine Pfeife durch, wenn ich nicht auf Pille war. Ich erlebte eine ganz andere Natur. Die war nicht mehr so, wie sie war. Die löste sich auf in Farben, Formen und Geräusche, die sich in meinen Stimmungen spiegelten. Ich fand das Leben, das ich führte, einfach unheimlich cool. Es kamen ein paar Monate, da war ich meistens mit mir selber zufrieden.

Irgendwann gab es dann aber einen Stillstand in der Grup-

pe. Shit, also Haschisch, und Trips gaben nicht mehr den richtigen Kick. Man hatte sich daran gewöhnt. Irgendwie war das der Normalzustand, auf Shit oder Pille breit zu sein. Es brachte keine neuen Erfahrungen mehr.
Dann kam einer aus der Clique in den Club und sagte: »Leute, ich habe was ganz Neues, Ephedrin. Das Zeug ist Schau.« Ich nahm zwei Pillen Ephedrin, ein Aufputschmittel, ohne genau zu wissen, was ich schluckte. Ich spülte sie mit einem Bier auf ex runter, weil ich das bei einem anderen gesehen hatte. Das fiel mir nicht leicht. Denn ich verabscheute Bier mittlerweile, weil ich die Leute verabscheute, die sich mit Bier volllaufen ließen.
Plötzlich waren jede Menge Pillen im Club. Ich nahm am selben Abend noch eine Mandrax, ein starkes Schlafmittel. Ich fand an diesem Abend wieder alles wahnsinnig cool und liebte die Leute aus der Clique. In den nächsten Wochen machten wir einen richtigen Streifzug durch die pharmazeutische Industrie.
In der Schule hatte ich immer mehr Schwierigkeiten. Ich machte überhaupt keine Schularbeiten mehr und war morgens nie ausgeschlafen. Trotzdem wurde ich in die 8. Klasse versetzt. In einigen Fächern wie Deutsch oder Gemeinschaftskunde brachte ich manchmal noch was, weil es mich gelegentlich interessierte, und weil ich das auch irgendwie drauf hatte. (...)
Mir stank diese Schule unheimlich. Es gab eben überhaupt keinen persönlichen Kontakt zu den Lehrern. Und auch in der Klasse wurde der Zusammenhalt immer loser, weil man ja in verschiedene Kurse ging. Es ging eigentlich wieder nur darum, sich gegenseitig fertigzumachen. Keiner half dem anderen, jeder wollte besser sein. Die Lehrer machten die Schüler fertig, weil sie die Macht hatten, Zensuren zu geben. Und die Schüler probten gemeinsam ihre Macht an

Lehrern, die gutmütig waren und sich nicht durchsetzen konnten. (...)
Mich störte das nicht mehr weiter, denn ich wollte ja nur von meiner Clique anerkannt werden, in der es eben den Scheißkampf und Scheißkrampf nicht gab. Aber auch in der Clique saß ich dann oft abseits. Ich beteiligte mich immer weniger an den Gesprächen. Es ging sowieso immer um dasselbe: Dope, Musik, der letzte Trip und dann immer mehr über die Preise auf der Scene für Shit, LSD und die verschiedenen Pillen. Ich war meistens so bedröhnt, dass ich nicht reden mochte und allein sein wollte.
Es gab für mich allerdings noch ein neues Ziel. Das hieß »Sound«. Das Sound war eine Diskothek an der Genthiner Straße im Bezirk Tiergarten. In der ganzen Stadt klebten Plakate: »Sound – Europas modernste Diskothek.« Die Leute aus der Clique gingen da öfter hin. Aber da kam man erst ab 16 rein. Ich war aber nun erst gerade 13 geworden. Und ich hatte immer Angst, dass sie mich gar nicht erst reinlassen, obwohl ich mittlerweile schon das Geburtsdatum in meinem Schülerausweis gefälscht hatte.
Ich wusste, am Sound war die Scene. Da gab es alles zu kaufen. Vom Shit über Mandrax und Valium bis zum Heroin. Da waren also unheimlich coole Typen, dachte ich mir. Das war so ein Traumplatz für mich kleines Mädchen, das immer zwischen Rudow und Gropiusstadt hin und her pendelte. Das Sound stellte ich mir wie einen richtigen Palast vor. Glitzer hier, Glitzer da: Wahnsinnige Lichteffekte und die geilste Musik. Und eben wahnsinnig coole Typen.
Ich hatte schon ein paar Mal geplant, mit den anderen mitzugehen. Aber es hatte nie geklappt. Nun machte ich mit Kessi einen genauen Schlachtplan. An einem Samstag erzählte ich meiner Mutter, dass ich bei Kessi schlafen wollte. Und Kessi erzählte bei sich, sie schlafe bei mir. Unsere

Mütter fielen darauf rein. Eine Freundin von Kessi sollte auch noch mitkommen. Die war etwas älter als wir und hieß Peggy. Wir trafen uns am Samstag Abend bei Peggy. Wir warteten auf Peggys Freund, Micha. Kessi erzählte mir sehr wichtig, dass Micha auf H war, also Heroin drückte. Ich war ganz gespannt, ihn kennen zu lernen. Denn ich hatte bewusst noch nie einen Fixer erlebt.
Als Micha kam, war ich sehr beeindruckt von ihm. Er war irgendwie noch cooler als die Typen in unserer Clique. Aber ich hatte sofort wieder Minderwertigkeitskomplexe. Micha behandelte uns sehr von oben herab. Ich dachte mal wieder daran, dass ich erst 13 war und dass dieser Fixer viel zu weit, viel zu erwachsen für mich war. Ich fühlte mich unterlegen. Übrigens war Micha ein paar Monate später schon tot.
Wir stiegen in die U-Bahn und fuhren bis zum U-Bahnhof Kurfürstenstraße. Das war damals für mich eine ziemlich lange Fahrt. Ich fühlte mich sehr weit weg von zu Hause. Die Kurfürstenstraße bei der Kreuzung Potsdamer sah ziemlich mies aus. Da hingen Mädchen rum. Ich hatte natürlich keine Ahnung, dass die auf den Autostrich gingen. Ein paar Typen latschten auch auf und ab. Peggy sagte, das seien Dealer. Wenn mir jetzt jemand gesagt hätte, dass ich auf diesem miesen Stück Kurfürstenstraße auch einmal fast jeden Tag rumhängen würde, hätte ich ihn für verrückt erklärt.
Wir gingen ins Sound. Als ich drin war, traf mich fast der Schlag. Das hatte nichts mit dem zu tun, was ich mir vorgestellt hatte. »Europas modernste Diskothek« war ein Keller mit einer sehr niedrigen Decke. Es war laut und dreckig. Auf der Tanzfläche hottete jeder für sich einen ab. Es gab irgendwie überhaupt keinen Kontakt zwischen den Menschen. Es war unheimlich miefig. Eine Windmaschine quirlte den Mief ab und zu durcheinander. (...)
Ich wollte also ausgerechnet mit einem totalen Fixer zu

dem David Bowie-Konzert, das in meiner Vorstellung damals eines der bedeutendsten Ereignisse meines Lebens war. Wie bedeutend, wusste ich allerdings noch nicht, als ich Hühnchen die Karte anbot. Ich lebte ja nur aus dem Unterbewusstsein. Aber irgendwie musste sich in den Wochen, in denen mir Tabletten, Shit und LSD nichts mehr gegeben hatten, meine Einstellung zu H geändert haben. Jedenfalls waren die unüberwindlichen Barrieren, die zwischen mir und den Fixern gewesen waren, offenbar weg.

Am Tag, an dem das Konzert war, traf ich mich mit Hühnchen am Hermannplatz. Er war unheimlich lang und wahnsinnig dünn. So war mir das noch nie aufgefallen. Ich sagte ihm das. Er sagte, er wiege noch 63 Kilo. Er habe sich gerade beim Blutspenden gewogen. Hühnchen verdiente sich einen Teil des Geldes für Dope mit Blutspenden. Obgleich er aussah wie eine Leiche und seine Arme total zerstochen waren und Fixer ja ziemlich oft Gelbsucht haben, nahmen sie ihn immer wieder zum Blutspenden.

In der U-Bahn fiel mir ein, dass ich mein Valium vergessen hatte. Ich sagte zu Hühnchen: »Mist, ich wollte es unbedingt mitnehmen, falls ich beim Konzert irgendwie ausflippe.« Ich hatte allerdings zu Hause schon ein paar Valium eingeschmissen. Nicht, um mich zu berauschen, sondern um bei David Bowie ganz cool zu bleiben.

Hühnchen war sofort total auf das Valium fixiert, das ich noch zu Hause hatte. Er wollte unbedingt zurückfahren. Ich fragte: »Wieso hast du so'n Geier auf Valium?« Er sagte wieder, er wolle unbedingt zurückfahren. Als ich ihn genau anguckte, schnallte ich es. Seine Hände zitterten. Er kam auf Turkey. Turkey kommt aus dem Englischen und heißt Truthahn. Und wenn ein Truthahn erregt ist, flattert er. Turkey, das sind die Entzugserscheinungen bei alten Fixern, wenn die Wirkung des Drucks nachlässt. Man nennt das auch »auf dem Affen sein« oder »auf dem Hook«. Wir sagten meistens Turkey. (...)

Als David Bowie anfing, da war es beinah so geil, wie ich es mir vorgestellt hatte. Es war wahnsinnig. Als er dann aber zu dem Stück kam »It is too late«, es ist zu spät, kam ich mit einem Schlag runter. Ich war mit einem Mal ganz blöde drauf. Schon in den letzten Wochen, als ich nicht mehr wusste, wozu und wohin, war mir dies »It is too late« an den Nerv gegangen. Ich dachte, dass der Song genau meine Situation beschrieb. Nun haute mich dieses »It is too late« um. Ich hätte mein Valium gebraucht.

Nach dem Konzert konnte Hühnchen echt kaum noch gehen. Er war total auf Turkey. Wir trafen Bernd, den Freund von Detlef. Der hatte sich noch vor dem Konzert einen Druck gemacht. Er sagte, wir müssten etwas tun für Hühnchen. Er selber könne auch noch einen Druck vertragen.

Bernd hatte noch zwei Trips. Die verkauften wir ganz schnell vor der Deutschlandhalle und hatten dann erst mal 12 Mark. Den Rest sollte ich schlauchen. Ich war Meister im Schlauchen. Im Sound hatte ich mir einen großen Teil des Geldes, das ich für Drogen brauchte, zusammengeschlaucht. Wenigstens 20 Mark mussten es werden. Unter dem gab es nichts zu kaufen auf der Scene. Das Schlauchen vor der Deutschlandhalle ging fabelhaft. Da waren ja auch viele Leute mit Kohle im Konzert gewesen, Typen, die nicht schon alle naslang angehauen worden waren von jemandem, der nur Dope wollte. Ich brachte meine Sprüche »Kein Geld für die U-Bahnfahrkarte« und so, und das Geld klingelte nur so in meiner Plastiktasche. Bernd kaufte davon H. Mehr als genug für zwei Drucks. Dope war damals gerade relativ billig.

Der Gedanke kam mir dann urplötzlich: »Jetzt hast du das Geld schon dafür geschlaucht, jetzt willst du auch wenigstens mal was davon probieren. Mal sehen, ob das Zeug wirklich so gut ist, wie die Fixer manchmal nach dem Druck glücklich aussehen.« Weiter dachte ich wirklich nicht. Ich hatte ja nicht den Durchblick, dass ich mich in den vergangenen Monaten systematisch reif gemacht hatte fürs H. Mir war in diesem Moment nicht einmal bewusst, dass ich ja in einem wahnsinnigen Tief war, dass mich dieses »It is too late« voll umgehauen hatte, dass mir keine andere Droge da mehr raushalf, dass auf meinem Weg jetzt H die logische Konsequenz war. Alles, was ich dachte, war, dass ich nicht wollte, dass die beiden Fixer jetzt loszogen und mich allein in meiner Scheiße zurückließen. Ich sagte den anderen beiden sofort, dass ich mal probieren wollte. Hühnchen konnte kaum noch sprechen. Aber er wurde richtig wütend. Er sagte: »Das machst du nicht. Du hast keine Ahnung, was du tust. Wenn du das machst, bist du in kurzer Zeit genau da, wo ich jetzt bin. Dann bist du nämlich eine Leiche.« Hühnchen wusste ganz genau, dass man ihn Leiche nannte.

Es war also nicht so, dass ich armes Mädchen von einem bösen Fixer oder Dealer bewusst angefixt wurde, wie man es immer in Zeitungen liest. Ich kenne niemanden, der praktisch gegen seinen Wunsch angefixt wurde. Die meisten Jugendlichen kommen ganz allein zum H, wenn sie so reif dafür sind, wie ich es war.

Mich machte das mühsame Gestammel von Hühnchen nur trotzig. Er war ja jetzt auf Turkey, nicht mehr der coole und überlegene Typ, sondern ein armes Schwein, das von mir abhängig war. Ich wollte mir von ihm nichts befehlen lassen. Ich sagte: »Erstens ist das meiste mein Dope, weil ich das Geld geschlaucht habe. Außerdem red nicht so 'nen Quatsch. Ich werd doch nicht abhängig wie du. Ich hab mich total unter Kontrolle. Ich probier das mal, und dann ist Schluss.«

Ich wusste noch nicht, wie schwach man auf Turkey ist. Hühnchen jedenfalls schien voll beeindruckt von dem, was ich sagte. Er machte den Mund erst gar nicht mehr auf. Bernd quatschte auch noch was, aber ich hörte nicht hin, sondern sagte nur, wenn sie mich nicht probieren lassen wollten, dann sollten sie mir meinen Anteil ganz geben. Wir gingen in einen Hauseingang, und Bernd teilte das Dope ganz gerecht in drei Teile. Ich war jetzt unheimlich geil auf das Zeug. Da war kein Nachdenken, kein schlechtes Gewissen. Ich wollte es sofort probieren, um endlich mal wieder echt gut draufzukommen. Vor der Spritze hatte ich Angst. Ich sagte den beiden: »Ich will nicht drücken. Ich sniefe.« Bernd sagte, was ich machen müsste, obwohl ich das aus dem Gequatsche über H längst wusste.

Ich sog das Pulver sofort durch die Nase ein. Alles, was ich spürte, war ein beißend bitterer Geschmack. Ich musste Brechreiz unterdrücken und spuckte dann doch eine Menge von dem Zeug wieder aus. Dann kam es aber unheimlich schnell. Meine Glieder wurden wahnsinnig schwer und waren gleichzeitig ganz leicht. Ich war irrsinnig müde, und das war ein unheimlich geiles Gefühl. Die ganze Scheiße war mit einem Mal weg. Kein »It is too late« mehr. Ich fühlte mich so toll wie noch nie. Das war am 18. April, einen Monat vor meinem 14. Geburtstag. Ich werde das Datum nie vergessen. (...)

Der Dezember kam. Es wurde immer kälter. Und ich fror. Ich hatte früher nie gefroren. Nun fror ich immer. Ich merkte, dass ich körperlich groggy war. Ich wusste es seit einem Sonntag Anfang Dezember. Ich wachte in Axels Wohnung neben Detlef auf. Mir war tierisch kalt. Ich sah auf irgendeine Schachtel. Da sprang mich plötzlich die Schrift auf der Schachtel an. Es waren die Farben, die wahnsinnig grell leuchteten und in den Augen weh taten. Es war vor allem ein Rot, das mir Angst machte. Vor Rot hatte ich immer auf meinen Trips Angst gehabt. Auf H war Rot eine sehr sanfte Farbe. Rot wurde wie alle Farben durch einen weichen Schleier schön auf H.

Nun war da wieder das aggressive Rot auf dieser verdammten Schachtel. Mein Mund war voller Speichel. Ich schluckte ihn hinunter, aber er war sofort wieder da. Er kam irgendwie wieder hoch. Dann war der Speichel doch weg, und ich hatte einen ganz trockenen, klebrigen Mund. Ich versuchte, etwas zu trinken. Aber das ging nicht. Ich zitterte vor Kälte, bis mir so heiß wurde, dass mir der Schweiß runterlief. Ich weckte Detlef und sagte: »Du, mit mir ist was los.«

Detlef sah mir ins Gesicht und sagte: »Du hast Pupillen so groß wie Untertassen.« Er machte eine lange Pause und flüsterte dann: »So, Mädchen, jetzt ist es bei dir auch so weit.«

Ich zitterte wieder und sagte: »Was denn, was ist denn los?«

Detlef sagte: »Turkey.«

Ich dachte: Aha, das ist also Turkey. Du bist echt auf Turkey, alte Fixerbraut. Ist doch gar nicht so schlimm, der Turkey. Was die anderen bloß immer für ein Getue drum machen. Ich hatte tatsächlich keine richtigen Schmerzen. Ich zitterte nur, und die Farben machten mich ein bisschen verrückt und die Spucke im Mund.

Detlef sagte nichts mehr. Er pulte ein Päckchen aus seinen Jeans mit Ascorbinsäure, holte einen Löffel, kochte das Zeug über einer Kerze auf und gab mir das fertige Spritzbesteck. Das Zittern machte es mir schwer, die Vene richtig zu treffen. Aber es klappte doch ziemlich schnell. Mir ging es wieder gut. Die Farben waren sanft und der Speichel weg. Es gab im Moment keine Probleme mehr, und ich schlief neben Detlef wieder ein, der sich auch gleich einen Druck gemacht hatte. Als wir mittags aufstanden, fragte

ich Detlef, wie viel Dope er noch habe.
Er sagte: »Klar, du kriegst noch einen Druck, bevor du heute Abend gehst.«
Ich sagte: »Aber ich brauch auch was für morgen früh.«
Detlef: »So viel hab ich nicht mehr. Und ich habe echt keinen Bock, heute auf den Bahnhof zu gehen. Es ist Sonntag, und da läuft auf dem Bahnhof sowieso nichts.«
Ich hatte Panik und Wut: »Mensch, verstehst du nicht. Wenn ich mir morgen früh keinen Druck machen kann, dann komm ich auf Turkey und kann nicht zur Schule gehen.«
Detlef: »Ich hab es dir immer gesagt, Mädchen. Nun ist es mit dir so weit.«
Wir gingen nachmittags auf den Bahnhof. Ich hatte viel Zeit zum Nachdenken. Der erste Turkey. Ich war nun vom H abhängig und von Detlef. Dass ich von Detlef abhängig war, hat mich mehr erschreckt. Was war das für eine Liebe, wenn einer total abhängig war? Was war, wenn Detlef mich abends um Dope bitten und betteln ließ? Ich wusste, wie Fixer bettelten, wenn sie auf Turkey kamen. Wie sie sich erniedrigten und demütigen ließen. Wie sie dann zu einem Nichts zusammenfielen. Ich konnte nicht bitten. Schon gar nicht Detlef. Wenn er mich betteln ließ, dann war es aus mit uns. Ich hatte noch nie jemanden um was bitten können.
Detlef fand schließlich einen Freier, und ich wartete unheimlich lange, dass er zurückkam. Ich würde jetzt immer warten müssen, bis Detlef mir Dope für den Morgen gab.
Ich war an diesem Nachmittag echt finster drauf. Ich führte halblaute Selbstgespräche. Ich sagte mir: »Also, Christiane, jetzt hast du ja alles erreicht, was du eigentlich immer wolltest. Hast du dir das so vorgestellt? Nee, nicht. Aber du wolltest das doch. Du hast sie doch irgendwie immer bewundert, die alten Fixer. Jetzt bist du selber einer. Jetzt

kann dir niemand mehr was vormachen. Jetzt brauchst du nicht mehr ungläubig zu gucken, wenn andere von Turkey reden. Jetzt kann dich niemand mehr bescheißen. Jetzt bist du derjenige, der bescheißt.«
Es gelang nicht richtig, mir Mut zu machen. Ich musste immer wieder an Turkey denken. Ich dachte daran, wie ich Fixer, die auf Turkey waren, fertiggemacht hatte. (...)
Man musste nur ordentlich auf ihren wirklichen Schwächen rumhacken, immer wieder in ihren Wunden bohren, dann klappten sie zusammen. Auf Turkey hatten sie ja genügend Durchblick, um zu begreifen, was für elende Würstchen sie waren. Da war das ganze coole Fixer-Gehabe weg, da fühlte man sich nicht mehr erhaben über alles und alle.
Ich sagte mir: Jetzt machen sie dich fertig, wenn du auf Turkey bist. Die werden schon rausfinden, wie mies du eigentlich bist. Aber haste doch eigentlich alles vorher gewusst. Komisch, dass dir das heute erst einfallen muss. (...)
Zwei Sonntage später waren Detlef und ich allein in Axels Wohnung. Es war nachmittags. Wir waren sehr mies drauf. Am Samstag hatten wir unseren Stammdealer nicht gefunden und waren von einem anderen Typen angeschissen worden. Das Dope, das der uns verkaufte, war so schlecht, dass wir morgens schon die doppelte Menge, alles, was wir hatten, drücken mussten, um über die Runden zu kommen. Detlef fing nun schon wieder an zu schwitzen, und ich merkte auch, dass der Turkey nicht mehr allzu weit war.
Wir durchsuchten die ganze Wohnung nach irgend etwas, das wir noch zu Geld machen konnten, aber wir wussten vorher, dass da nichts mehr war. Von der Kaffeemaschine bis zum Radio war alles schon weg, alles verdrückt. Nur der Staubsauger stand da noch rum. Aber der war so alt, dass wir keine müde Mark dafür bekommen hätten.
Detlef sagte: »Mädchen, wir müssen jetzt irgendwie ganz

schnell Geld machen. In spätestens zwei Stunden sind wir voll auf Turkey, da schaffen wir gar nichts mehr. Ich bekomm das Geld am Sonntag Abend unmöglich allein zusammen. Du musst helfen. Am besten gehst du zum Sound und schlauchst. Du musst vierzig Mark zusammenschlauchen. Wenn ich einen Freier mache für vierzig oder fünfzig Mark, dann haben wir auch noch für morgen früh was über. Schaffst du das?«

Ich sagte: »Klar schaffe ich das. Du weißt doch, Schlauchen ist meine Stärke.« Wir machten aus, dass wir uns spätestens in zwei Stunden wiederträfen. Ich hatte ja schon oft im Sound geschlaucht. Oft nur aus Bock. Es hatte immer geklappt. Doch an diesem Abend lief überhaupt nichts. Es sollte schnell gehen, aber zum Schlauchen braucht man Zeit. Man muss sich die Typen vorher genau ansehen, die man anhaut. Man muss sich auf sie einstellen, vielleicht ein bisschen quatschen und cool sein. Man muss einfach Spaß am Schlauchen haben.

Ich kam auf Turkey und brachte es nicht wie sonst. Nach einer halben Stunde hatte ich 6,80 Mark. Ich dachte, das schaffst du nie. Ich dachte an Detlef, der jetzt auf dem Bahnhof sein musste, wo am Sonntag Abend nur Familien mit Kindern waren, die vom Kaffeetrinken von Oma und Opa kamen. Und dann war er noch auf Turkey. Da schaffte er sowieso keinen Freier. Ich hatte Panik.

Ohne einen festen Plan ging ich auf die Straße. Irgendwie hatte ich noch die Hoffnung, dass das Schlauchen vor dem Sound besser ging. Vor dem Eingang hielt ein dicker Mercedes. Da standen oft dicke Wagen oder fuhren langsam vorbei. Denn nirgends ist Kükenfleisch so billig wie vor dem Sound. Da gibt es Mädchen, die haben nicht mal die Mark für den Eintritt, weil ihr Taschengeld alle ist. Die machen es für die Eintrittskarte und ein paar Cola.

Der Typ in dem Mercedes winkte mir. Ich erkannte ihn wieder. Er war oft vor dem Sound und hatte mich auch schon angequatscht. Ob ich mir nicht einen Hunderter verdienen wolle. Ich hatte ihn mal gefragt, was er dafür wolle, und er hatte »gar nichts weiter« gesagt. Ich hatte ihn ausgelacht.

ARBEITSANREGUNGEN

1. In dem Buchauszug schildert Christiane ihre Drogenkarriere. Lege einen Stichwortzettel an, auf dem du die Stationen ihres Wegs zur Fixerin und Prostituierten festhältst.
2. Beschreibe die Gründe, die Christiane angibt, warum sie immer weiter in die Drogenszene hineingerät.
3. Schreibe einen Brief an Christiane, in dem du ihr mitteilst, was du von ihrem Verhalten hältst und was du ihr raten würdest.
4. Nimm Stellung zu der Frage, wie sich die Gesellschaft gegenüber Junkies verhalten sollte. Sollte es zum Beispiel öffentliche Methadonprogramme geben? Was könnte noch für die Abhängigen getan werden?
   Trage Informationen zusammen, bilde dir eine Meinung und belege sie mit Argumenten und Beispielen.

GÜNTHER STOCKINGER

Kick aus der Wasserpfeife

Suchtexperten warnen: Zwar sinkt die Zahl der Drogentoten, doch immer mehr Kinder greifen zum Joint. Die Gefahr wurde bisher unterschätzt: Neuen Forschungen zufolge drohen Gedächtnisausfälle und langfristige Hirnschäden.

In seinem ersten Leben strotzte Markus vor Energie. Er kickte im Fußballverein und war einer der Schnellsten auf der 5000-Meter-Strecke. Mit seiner Mutter, dem Stiefvater und dem älteren Bruder verstand er sich prima.

Sein zweites Leben nahm einen ganz anderen Verlauf. Er wurde verschlossen, kapselte sich ab. »Mir ist vieles egal geworden«, sagt er. Der Auslöser des Wandels war Hasch: Schon ein halbes Jahr nach seinem ersten Joint im Freibad war Markus von morgens bis abends zugekifft. Er konnte sich kaum noch auf Gespräche konzentrieren. Wenn der Stoff zur Neige ging, wurde er schnell aggressiv.

Die ständige Beschaffung von neuem »Dope« ging ins Geld: Demnächst steht der Ex-Hascher wegen Raub und schwerem Diebstahl vor dem Richter.

Sein drittes Leben hat Markus soeben in einer Entzugsklinik im Nordwesten von Hamburg begonnen. Nach drei Wochen Entgiftung gibt er sich »sehr, sehr sicher«, dass er nicht mehr »in den Kifferpool« zurückfallen wird. Wenn er Glück hat, kann das dritte Leben eine ganze Weile dauern – der Junge ist 16.

Cannabis, das Rauschmittel aus der Hanfpflanze, gilt als »weiche« Droge. Experten halten Marihuana und Haschisch für weniger gefährlich als die legalen Drogen Alkohol und Nikotin. Todesfälle durch Cannabis sind nicht bekannt – die Rezeptoren für die psychotropen Wirkstoffe

psychotrop *auf die Psyche einwirkend*

der Pflanze sitzen nicht in Hirnregionen, die für lebenswichtige Funktionen wie Herz oder Kreislauf verantwortlich sind.

Als »Einstiegsdroge« spielt Cannabis kaum eine Rolle: 80 Prozent der Kiffer bleiben bei ihrem Kraut, sie greifen nicht zu härteren Drogen. Im Nachbarland Niederlande etwa ist nach der Liberalisierung der Cannabis-Abgabe die Nachfrage nach Kokain oder Heroin nicht gestiegen.

Auch die gesundheitlichen Folgen des Haschischrauchens gelten als moderat. Das Suchtpotential der »Genussdroge« ist geringer als das von Alkohol und Nikotin.

moderat *gemäßigt*

Gerade jetzt melden Drogenexperten zunehmend Bedenken an: Bei Kindern und Jugendlichen sei Cannabis auf dem Vormarsch wie nie zuvor. Der Konsum von Heroin, Kokain und Ecstasy ist insgesamt rückläufig, in vielen Jugendcliquen verdrängt Haschisch dagegen sogar den Alkohol: »Alle kiffen«, sagt eine Schülerin, »es gibt kaum noch einen, der etwas trinkt.«

Unter deutschen Jugendlichen hat es Cannabis mit Abstand zur beliebtesten »Partydroge« gebracht. Suchtexperten wie Roland Simon vom Münchner Institut für Therapieforschung registrieren einen »irrwitzigen Anstieg«. Schon Acht-, Neun- oder Zehnjährige machen ihre ersten Erfahrungen mit dem Joint oder der Wasserpfeife (»Bong«). Mit 14 oder 15 dröhnen sie sich dann als »Kampfkiffer« nicht selten mit täglich drei bis fünf Gramm »Dope«, »Shit« oder »Gras« zu. »Die glauben inzwischen, dass das, was sie tun, die Norm ist«, klagt Udo Küstner, Psychotherapeut an der Drogenambulanz für Jugendliche und junge Erwachsene am Uniklinikum in Hamburg-Eppendorf (UKE).

Norm *hier: normaler, gewöhnlicher Zustand*

Die Beobachtungen der Helfer decken sich mit den neuesten Zahlen. Bei den 18- bis 24-Jährigen ist die Gruppe der Probierer, Gelegenheits- und Dauerkiffer in Westdeutsch-

land in den letzten vier Jahren von 24 auf 38 Prozent gestiegen. 16 Prozent der 12- bis 18-Jährigen haben schon Erfahrungen mit der Droge.
»Gerade bei den ganz Jungen ist der Konsum in den letzten Jahren explodiert«, berichtet Rainer Thomasius, Leiter der UKE-Drogenambulanz.
Schon haben sich in vielen Drogenhilfeeinrichtungen Cannabis-Konsumenten zur zahlenmäßig stärksten Problemgruppe gemausert. Vor zehn Jahren noch war der typische Klient in den ambulanten Anlaufstellen für Suchtkranke der heroinabhängige Junkie. Wenig später folgten die Kokser. Jetzt werden die Beratungsstellen zunehmend von jugendlichen Bleichgesichtern überschwemmt, die mit dem Kiffen nicht mehr klarkommen.
»Es gibt Patienten, die haben mit acht Jahren angefangen«, berichtet Karin Harries-Hedder, Psychologin bei der Hamburger Drogenstelle »Therapiehilfe«. »Wenn die dann mit 13 bei uns auftauchen, sind sie oft schwer depressiv, können sich nicht mehr konzentrieren oder logisch denken.«
Trotzdem haben selbst viele Suchthelfer den Umbruch noch nicht verinnerlicht – sie halten Cannabis noch immer für ungefährlich und schicken die Hilfesuchenden wieder nach Hause. »Über Heroin weiß fast jeder Bescheid«, klagt Wiedenmann, »der Informationsstand zu Cannabis ist leider äußerst jämmerlich.«
Erklärungen für die rapide Zunahme der Probleme mit dem Kiffen haben indessen auch viele Experten nicht. Die heute verwendete »Partydroge« ist durch gezielte Pflanzenzucht um ein Vielfaches potenter als in den siebziger Jahren. Wer von den Jungen öfter als nur gelegentlich raucht, besorgt sich meist schnell die Wasserpfeife: Der psychotrope Pflanzenbestandteil »Tetrahydrocannabinol« (THC) flutet dadurch schneller und intensiver im Gehirn

an. Die Wirkung gleicht fast dem »Flash« oder »Kick« bei der Heroinspritze. »Es gibt viele Kiffer, die ihr Leben auf die Reihe kriegen, aber Bong-Raucher sind das bestimmt nicht«, sagt die 26-jährige Marion, die seit dem elften Lebensjahr Cannabis raucht.

Jeder Zehnte der 18- bis 24-Jährigen, die Cannabis probieren, wird davon abhängig oder betreibt zumindest »schädlichen Gebrauch«, wie es die Mediziner nennen: Der Konsum nimmt zwanghaften Charakter an, das vermeintlich harmlose Kraut lässt seine Opfer nicht mehr los. Wie bei den Konsumenten harter Drogen wird der ganze Tagesablauf durch den Erwerb und Konsum bestimmt.

»In schweren Fällen endet das fast wie beim Heroin«, erklärt Küstner. Die »Schwerstabhängigen« sind nur noch fixiert auf die Droge. Sie werden wie Junkies kriminell, um sich neuen Stoff besorgen zu können. In manchen Fällen sehen die Drogenberater bei ihrer Cannabis-Klientel bereits das ganze Spektrum der Beschaffungskriminalität – »nur Prostitution«, so der UKE-Experte, »haben wir noch nicht erlebt.« In der Altersgruppe der 18- bis 20-Jährigen wird derzeit fast keine andere Erkrankung so häufig diagnostiziert wie Cannabis-Missbrauch oder -Abhängigkeit.

Viele Opfer treibt die Droge in die Verelendung. »Es gibt Jugendliche, bei denen nichts mehr funktioniert außer Haschrauchen«, berichtet Karin Wied, Drogenärztin an der Fachklinik Bokholt bei Hamburg. Ihr soziales Netzwerk ist zerstört, sie leben abgeschottet in vermüllten Wohnungen und können sich zu nichts mehr aufraffen. Der einzige menschliche Kontakt, der ihnen bleibt, ist der mit dem Dealer. »Ich bin zwei Jahre nur noch mit dem Hund vor die Tür gegangen«, erinnert sich der 23-jährige Jurastudent Claus.

In der ambulanten oder stationären Entgiftung leiden die

Gewohnheitskiffer unter starken Entzugserscheinungen wie Schweißausbrüchen, Depressionen, Schlaflosigkeit oder Angstzuständen. Nur ein Drittel, so die Erfahrung in Bokholt, hält die Entgiftung durch. Manche brechen schon am zweiten Tag ab. Nur jeder Zwanzigste bleibt auch nach dem dreiwöchigen stationären Entzug rückfallfrei.

Bei regelmäßigen Kiffern leiden die kognitiven Funktionen oft schon nach kurzer Zeit. Sie können sich nicht mehr konzentrieren, haben Wortfindungsstörungen und werden vergesslich wie 80-Jährige. Auch die Bewegungskoordination schwindet: »Manche haben Angst, Treppen zu steigen, weil sie die Stufen nicht mehr treffen«, berichtet Dieter Adamski, Suchtexperte bei der Hamburger »Therapiehilfe«.

Besonders anfällig für den Stoff ist nach Erkenntnissen der UKE-Suchtforscher das »Lerngedächtnis«, das die Reproduktion von Wissensstoff im Minutenbereich ermöglicht. Die Ausfälle im Kopf offenbaren sich typischerweise bei Telefonnummern-Tests: Die Kiffer können sich die Zahlenfolgen fünf, sechs oder sieben Minuten lang merken, dann sind sie oft spurlos verschwunden, als würden sie aus dem Gehirn förmlich herausfallen.

Fatal wirken sich die Denk- und Gedächtnisstörungen in der Schule aus. Unter ihren Klienten treffen die Drogenberater häufig auf Cannabis-Opfer, die erst im Gymnasium scheitern und schließlich kaum noch den Hauptschulabschluss schaffen. »Leistungseinbußen begegnet man bei fast allen Kiffern«, weiß Wiedenmann.

Dass Cannabis in der Entwicklungsphase sogar zu bleibenden Schäden führen kann, haben Forscher der Uni Göttingen 1998 erstmals festgestellt. Zwischen dem 12. und 15. Lebensjahr durchläuft das visuelle System im Gehirn einen wichtigen Reifungsprozess. Wer in dieser Lebensphase

visuell *das Sehen betreffend*

mit dem Kiffen beginnt, muss damit rechnen, dass er die Folgen lebenslang spürt – die visuelle Informationsverarbeitung bleibt herabgesetzt.

Forscher aus Australien und den USA kamen jüngst zu ähnlichen Ergebnissen. Ihr Fazit: Je länger und massiver der Cannabis-Konsum, desto größer die Gefahr, lebenslang eine Matschbirne davonzutragen. Durch die Schäden im Gehirn können »die akademische Ausbildung, die berufliche Qualifikation, die Beziehung zu anderen Menschen und das Funktionieren im Alltag« in Mitleidenschaft gezogen werden.

Viele der jugendlichen Cannabis-Konsumenten werden nach Beobachtungen der Drogenexperten in ihrer Entwicklung um Jahre zurückgeworfen. Sie hängen in einem Alter am »Dope«, in dem sie sich ausprobieren, Gefühle testen und Konfliktverhalten erlernen müssten.

Kiffer hingegen erhalten nie das Gefühl, Durststrecken überstehen und Ziele mit eigener Energie erreichen zu können. Sie bauen keine eigene Identität auf und lösen sich emotional nicht richtig von den Eltern. »Wer alle Probleme nur wegraucht«, sagt Harries-Hedder, »weiß am Ende nicht, was er sich zutrauen kann.«

Noch kann niemand sagen, ob regelmäßiger Cannabis-Konsum auch psychische Leiden wie Depressionen, Angststörungen, Panikattacken oder Schizophrenie verursacht. »Es ist einfach noch nicht erforscht, wir wissen zu wenig darüber«, sagt Andreas Heinz, Psychiatrie- und Psychotherapiechef an der Berliner Charité. Sicher scheint indessen, dass schon vorab bestehende Probleme durch die Droge verschärft werden.

Schizophrenie *Bewusstseinsspaltung*

Charité *Krankenhaus in Berlin*

Schon wenige Jahre nach dem Beginn des Konsums, so berichten viele Drogenexperten, können Gewohnheitskiffer in psychosenahe Zustände geraten – sie werden aggressiv,

Psychose *schwere Gemütsstörung, Geisteskrankheit*

greifen ihre Eltern an, können nicht mehr zwischen Realität und Phantasiewelt unterscheiden. »Vor allem bei jugendlichen THC-Konsumenten beobachten wir, dass Psychosen, Persönlichkeitsstörungen und dissoziales Verhalten zunehmen«, konstatiert Wolfgang Weidig, Sozialpädagoge und Klinikleiter in Bokholt.

Wer mit 25 in die Sucht einsteige, so der Experte, habe zumindest noch »eine Chance, sein Leben mit Cannabis sozialverträglich zu gestalten«. Die ganz Jungen hätten diese Möglichkeit kaum. Weidig: »Sie bleiben auf der Strecke.«

Drogenexperten wie Thomasius sehen die Legalisierungsbemühungen für die »weiche« Droge deshalb »mit allergrößter Sorge«: »Da wird mit falschen Botschaften Harmlosigkeit suggeriert«, warnt er. Wer »Hanf für alle« fordere, der kenne nicht »den neuesten Stand der Forschung und nicht die dramatischen Daten der vergangenen zwei bis drei Jahre«.

Der 16-jährige Markus denkt nach zweieinhalb Jahren Abhängigkeit und einem schmerzhaften Entzug das gleiche, er sagt es nur anders: »Ich glaube, beim Kiffen wird unheimlich viel schöngeredet.«

ARBEITSANREGUNGEN

1. Mache eine Aufstellung von den Wirkungen des Cannabis-Konsums, die im Text genannt werden.
2. Zur Zeit gehört Cannabis zu den illegalen Drogen. Dennoch steigt der Cannabiskonsum unter Jugendlichen immer stärker an. Die Gefahren dadurch sind hoch.
   Wie sollte man deiner Meinung nach mit dem Problem umgehen? Was kann getan werden?
3. Verfasse einen Leserbrief zu diesem Zeitungsartikel. Wähle eine der Positionen:
   a) Du bist für die Legalisierung von Cannabis.
   b) Du argumentierst gegen die Legalisierung von Cannabis.
   Formuliere deine Meinung und begründe sie schlüssig mit Argumenten.
4. Versetze dich in Markus Situation und schreibe aus der Ich-Perspektive einen Erfahrungsbericht seiner drei Lebensphasen. Dazu musst du natürlich vieles erfinden, aber halte dich – soweit du sie kennst – an die Fakten, z. B. bei der Beschreibung der Auswirkungen des Kiffens und beim Ende deiner Geschichte (Gerichtsverhandlung und Entzug).

Textquellen

Seite 146–148: Tic Tac Toe: Warum? Aus: Tic Tac Toe: Klappe Die 2Te. RCA Records Label.

Seite 149–150: Konstantin Wecker: Kokain. Aus: http://www.wecker.de/lieder.html. © Konstantin Wecker.

Seite 151–152: John Lennon: Cold Turkey. Aus: Yoko Ono, John Lennon: Shaved Fish. John & Plastic Ono Band Lennon EMI (EMI).

Seite 153–155: Drogenmissbrauch in Zahlen. Aus: Mädefessel-Herrmann, Kristin; Hammar, Friederike; Quadbeck-Seeger, Hans-Jürgen: Chemie rund um die Uhr. Hrg. von der Gesellschaft Deutscher Chemiker e. V. Weinheim: Wiley-VCH Verlag GmbH & Co. KgaA 2004. S. 203 (gekürzt).

Seite 156–157: Die Risiken des Drogenkonsums. Aus: BARMER Ersatzkasse (Hrg.): Drogen. Die Risiken kennen. © BARMER Ersatzkasse. Wuppertal.

Seite 159–161: Kleines Drogenlexikon (Originaltext).

Seite 162–163: Vertrag gegen das Rauchen. Aus: Helmut Kuntz: Das SuchtBuch. Was Familien über Drogen und Suchtverhalten wissen müssen. Weinheim: Beltz 2005. S. 351.

Seite 164–168: Jörg Böckem: Lass mich die Nacht überleben. Aus: Jörg Böckem: Lass mich die Nacht überleben. Mein Leben als Journalist und Junkie. München: DVA 2. Aufl. 2004. S. 60-64.

Seite 169-181: Christiane F.: Wir Kinder vom Bahnhof Zoo. Aus: Christiane F.: Wir Kinder vom Bahnhof Zoo. München: Bertelsmann 2004. S. 60-64, 80-83, 113-117 (gekürzt).

Seite 182-188: Günther Stockinger: Kick aus der Wasserpfeife. Aus: Der Spiegel. 33/2002 (gekürzt).